SEGNI DEI TEMPI

ISTITUTO DI SCIENZE RELIGIOSE

SAGGI — 3

collana diretta dal P. GIOVANNI MAGNANI, s. j.

nella stessa collana:

1. Psicologia dell'ateismo
2. Il dialogo della Chiesa col mondo
3. Segni dei tempi e risposta dei cristiani

PELLEGRINO — BASSETTI — MOLLAT — LABOR

SEGNI DEI TEMPI

E RISPOSTA DEI CRISTIANI

UNIVERSITÀ GREGORIANA EDITRICE
1970

Quest'opera diretta da P. Giovanni Magnani, s. j. intitolata: SEGNI DEI TEMPI E RISPOSTA DEI CRISTIANI è stata pubblicata con l'approvazione ecclesiastica (Vicariato di Roma, 4 luglio 1970) dalla Università Gregoriana Editrice, Roma 1970, e stampato dalla Tipografia della Pontificia Università Gregoriana.

PRESENTAZIONE

Da quando il Concilio Vaticano II° ha posto l'accento sulla necessità di scrutare i segni dei tempi in quanto rivelatori di una parola dello Spirito per il cristiano d'oggi (come di sempre), è cresciuto l'originario sparuto numero di specialisti che negli ultimi decenni aveva trattato qua e là in opere di ricerca teologica tale tema. Mancavano sopratutto studi che affrontassero in maniera concreta, in relazione cioè alla testimonianza del cristiano nel mondo d'oggi, l'analisi di un concetto già di per sè difficile quale quello di *segno* (cfr. ad es. E. Masure, *Le Signe. Le passage du visible à l'invisible. Psychologie, histoire, mistère,* Bloud & Gay, 1953) e che ancor più chiarissero a partire dalla accezione biblica la sua determinazione in *segno dei tempi.* Si sa come la concezione biblica del tempo differisca notevolmente da quella ciclica del mondo antico e da quella cronologica del tempo moderno, ma ciò non è sufficiente al caso nostro.

Una analisi dei testi della S. Scrittura è qui egregiamente elaborata in rapporto al concetto di segni dei tempi dal P. Donaziano Mollat, professore di S. Scrittura alla Pont. Università Gregoriana. Tale ricerca si completa nell'importante saggio di un altro illustre docente e Pastore della Chiesa, il Card. Francesco Pellegrino, che ha sviluppato questo tema con acume non privo di addentellati profetici a partire dal Vaticano II°. Originariamente tenuto come prolusione accademica ai corsi dell'Istituto di Scienze Religiose, tale saggio ebbe vasta eco nella stampa internazionale (cfr. I.C.I., n. 277; Doc. Cath., n. 1486).

Abbiamo creduto assai utile aggiungere due relazioni (ancora attuali, anche se come le precedenti elaborate due anni or sono) che da opposte sponde nel comune intento di attenzione ai segni dei tempi mostrano le linee di riflessione e di azione che si prefiggono uomini profondamente impegnati nello sviluppo delle realtà temporali e nella testimonianza e animazione cristiana di esse: il noto industriale Dr. Piero Bassetti, Presidente del Comitato regionale per la programmazione economica della Lombardia e l'allora Presidente delle ACLI Dr. Livio Labor.

Il discorso andrebbe certo completato con altre voci, ma non lo si è potuto fare per la natura di questa collana di « saggi » che non consente di aumentare troppo la mole dei volumi. Crediamo tuttavia di aver offerto un utile strumento di riflessione su questo grande tema del Concilio, più che mai attuale e fecondo per l'agire cristiano. L'editore esprime un particolare ringraziamento al Dr. Brenno Vitali che ha preparato per la stampa il presente volume.

Giovanni Magnani s.j.

Preside dell'Istituto di Scienze Religiose
della Pontificia Università Gregoriana

Roma, 7 giugno 1970.

SEGNI DEI TEMPI E RISPOSTA DEI CRISTIANI

Michele Pellegrino

« *Venuta la sera voi dite: ' farà bel tempo ', perchè il cielo rosseggia; e al mattino: ' oggi tempesta ', perchè il cielo è rosso cupo. Sapete dunque discernere l'aspetto del cielo e non sapete distinguere il segno dei tempi?* » (Mt. 16, 2-3).

I « segni dei tempi ». E' una espressione che ritorna spesso nella Costituzione conciliare sulla Chiesa nel mondo contemporaneo, come già nell'enciclica « Pacem in terris ». Rivolgendosi a tutta l'umanità, i Padri del Concilio non si limitano a constatare ciò che avviene nella Chiesa, ma il loro sguardo scruta gli orizzonti del mondo. Essi cercano di discernere le caratteristiche del mondo in cui vivono gli uomini d'oggi, conoscenza indispensabile per presentare il Vangelo secondo le esigenze dei nostri tempi.

Che s'intende per « segni dei tempi »

Si tratta di « segni », non in senso generico e disimpegnato, di carattere puramente neutrale e profano, come potrebbero essere i fenomeni economici, culturali, tecnici, politici, presi in se stessi e considerati isolatamente. I « segni dei tempi » presenti al Concilio sono quelli che in qualche modo interessano ed impegnano le aspirazioni e le esigenze religiose dell'uomo. Certo, anche i fenomeni di vario genere a cui sopra si è accennato, rientrano in questi « segni dei tempi », in quanto rivelano atteggiamenti spirituali e religiosi o comunque portano con sé implicazioni sul terreno spirituale e religioso.

Nel loro senso preciso, qual è inteso dal Concilio, i « segni dei tempi » sono « i veri segni della presenza e del disegno di Dio » (11a) *. C'è in questa definizione un riferimento all'oggetto, al contenuto, al termine del segno: al « significato », usando questo termine come participio vero e proprio. Ed è questo che veramente interessa il cristiano: la presenza e l'azione di Dio nel mondo.

Il « segno » propriamente detto è il mezzo con cui si può scorgere la presenza, il disegno di Dio. Sono avvenimenti, richieste, aspirazioni, « modi di parlare » (44b), che percorrono la vita d'oggi e a cui è necessario fare attenzione in quanto possono rivelare, in maggiore o minore misura, con maggiore o minore chiarezza, la presenza e l'azione di Dio. Dio manifesta la sua presenza, il suo disegno, non solo nel creato, secondo la dottrina di Paolo nel primo capitolo della lettera ai Romani, secondo la proclamazione del Salmista: « I cieli cantano la gloria di Dio » (Ps. 18, 2); non solo nella Rivelazione, con la quale Dio stesso ha parlato all'uomo; non solo nella

* Dove non c'è indicazione alcuna, i numeri e le lettere minuscole dell'alfabeto — posti in parentesi — riportano al paragrafo della Costituzione conciliare « Gaudium et Spes ».

Incarnazione, manifestazione visibile del Figlio di Dio fatto uomo; non solo nella Chiesa, che prolunga visibilmente la presenza di Cristo nell'umanità, ma anche negli avvenimenti, nelle richieste, nelle aspirazioni, nei bisogni, nelle ansie, nei gemiti e nei fremiti dell'umanità di ogni tempo.

C'è qualcosa che permette e giustifica la lettura in chiave religiosa di fatti e cose apparentemente profane? E' la fede, che « tutto rischiara di una luce nuova » per chi sappia vedere in ogni cosa la mano di Dio provvido e padre. Nulla è estraneo a Dio, tutto viene da Lui, tende a Lui, tutto rientra nei suoi disegni. Questa lettura è giustificata dal fatto, ampiamente attestato dalla Rivelazione, che « il Verbo di Dio, per mezzo del quale tutto è stato creato, si è fatto Egli stesso carne, per operare, Lui l'Uomo perfetto, la salvezza di tutti e la ricapitolazione universale. Il Signore è il fine della storia umana, ' il punto focale dei desideri della storia e della civiltà, il centro del genere umano, la gioia d'ogni cuore, la pienezza delle loro aspirazioni ' » (45b). Pertanto nelle tendenze, nelle ansie e nelle aspirazioni dell'umanità è, almeno latente, un andare verso Cristo.

Necessità e dovere di conoscerli e di interpretarli

Se tale è la natura e la funzione dei segni dei tempi, è dovere del cristiano cercare di conoscerli e interpretarli. Il Concilio l'afferma insistentemente. « E' dovere permanente della Chiesa di scrutare i segni dei tempi e di interpretarli alla luce del Vangelo » (4a):

a) *perchè aiutano a trovare Dio, la sua presenza e il suo disegno.* Nulla può impegnare maggiormente l'attenzione e lo sforzo dell'uomo che questa ricerca di Dio, comunque Egli si degni manifestarsi.

b) *per « rispondere ai perenni interrogativi degli uomini sul senso della vita presente e futura e sul loro reciproco rapporto* » (4a). Questo compito è essenziale della Chiesa, « madre e maestra » e rientra pienamente nella missione di insegnare che Cristo Le ha affidata. Perchè il magistero della Chiesa possa attuarsi concretamente e con frutto, è necessario che « la verità rivelata sia capita sempre più a fondo, sia meglio compresa e possa venir presentata in forma più adatta » (44b).

c) *per continuare l'opera di Cristo.* Nel proemio del documento leggiamo: « Non è mossa, la Chiesa, da alcuna ambizione terrena: essa mira a questo solo: a continuare, sotto la guida dello Spirito Paraclito, l'opera stessa di Cristo, il quale è venuto nel mondo a rendere testimonianza alla verità, a salvare e non a condannare, a servire e non ad essere servito » (Cfr. Io. 3, 17; 18, 37; Mt. 20, 28; Mc. 10, 45) (3d). Seguo il testo già riportato: « Per svolgere questo compito, è dovere permanente della Chiesa di scrutare i segni dei tempi e di interpretarli alla luce del Vangelo » (4a). In altri termini, è necessario conoscere e interpretare i segni dei tempi per gunigere a « soluzioni pienamente umane » (11a) dei problemi che agitano l'umanità d'oggi.

In queste energiche affermazioni dei testi conciliari è facile scorgere l'espressione di un'esigenza che forse non è sempre adeguatamente avvertita dai cristiani e in particolare dagli uomini di Chiesa: l'esigenza di concretezza, di pronto adattamento alle condizioni dell'ambiente, nella inalterabile fedeltà ai principi, al deposito di cui la Chiesa è custode, non padrona.

Non furono poche né di scarsa autorità le voci che si levarono nel Concilio a deplorare i ritardi della gerarchia e del laicato, in questa o in quell'epoca storica, rispetto alle esigenze dei tempi, a sollecitare una maggiore attenzione e un impegno più deciso e coraggioso per adeguarvisi prontamente.

Queste carenze trovano una facile spiegazione in quel peccato capitale dell'accidia che s'annida, almeno in germe, nei figli di Adamo. Una attenuante si può concedere anche alla debolezza della natura umana quando la poniamo di fronte alla grandezza trascendente del messaggio cristiano che l'uomo è chiamato, beninteso col soccorso della Grazia, a comprendere attuare trasmettere. Ma sarà forse opportuno tener conto anche d'un altro fattore che può rendere difficile al cristiano il comprendere e interpretare i segni dei tempi, tanto più difficile in quanto ha la radice in una esigenza impreteribile della vocazione cristiana.

Ho fatto cenno al dovere che incombe alla Chiesa di serbarsi assolutamente fedele ai principi rivelati, di mantenere intatto il deposito. E' troppo facile, e troppo spesso avviene, che il carattere di immutabilità proprio dei dogmi sia inconsciamente trasferito in campi, dottrinali o pratici, di valore del tutto relativo, nei quali il pronto adattamento alle mutate condizioni dei tempi è invece necessario e urgente per presentare e attuare con efficacia l'immutabile patrimonio della fede e della vita cristiana. Del resto, che altro significa il programma di « aggiornamento » assegnato da Papa Giovanni al Concilio, perseguito da questo nei vari settori e instancabilmente riproposto, in questo periodo postconciliare, dal Sommo Pontefice Paolo VI e dall'episcopato?

Da queste considerazioni risulta abbastanza chiaro, se non erro, che l'impegno di conoscere e interpretare i segni dei tempi non è compito marginale della Chiesa, ma rientra nelle esigenze essenziali che si pongono ai cristiani d'oggi, come di qualsiasi epoca della storia. Dire: dovere della « Chiesa » è dire dovere di tutti i cristiani, di ogni cristiano. I laici non potrebbero delegare questo dovere alla sola gerarchia senza abdicare alla propria missione.

Certo, c'è una diversa misura di responsabilità, secondo la competenza di ciascuno ed il servizio che ciascuno è chiamato a disimpegnare nella Chiesa. « E' dovere di tutto il Popolo di Dio, sopratutto dei pastori e dei teologi, con l'aiuto dello Spirito Santo, di ascoltare attentamente, capire e interpretare i vari modi di parlare del nostro tempo, e di saperli giudicare alla luce della Parola di Dio » (44b). Non è certo il compito più facile dei Pastori.

Ha ragione Don Mazzolari quando afferma che il dovere del sacerdote è di « essere contemporaneo degli uomini accanto ai quali vive » (così riassume Don Barra il pensiero dell'amico). « ' In un mondo che tutti i momenti presenta una impressionante varietà di bisogni, di impostazioni, di problemi, non si può mantenere ' fissità ' se non nella Verità. Ma in tutto il resto dobbiamo essere pronti a mutare metro a passo, a capire i segni dei tempi '. Questo perchè ' l'apostolato è la conquista delle anime con la presentazione della verità attraverso la preghiera ed il sacrificio, presentazione che non sia un tradimento della verità e neppure un tradimento dell'anima umana ' »[1].

Il compito che spetta ai laici nel riconoscere i segni dei tempi è richiamato esplicitamente nel ricordare ai sacerdoti i loro doveri: « I presbiteri devono riconoscere e promuovere sinceramente la dignità dei laici, nonchè il loro ruolo specifico nell'ambito della missione della Chiesa. Abbiano inoltre il massimo rispetto per la giusta libertà che spetta a tutti nella città terrestre. Siano pronti ad ascoltare il parere dei laici, considerando con interesse fraterno le loro aspirazioni e giovandosi della loro esperienza e competenza nei diversi campi dell'attività umana, in modo da poter assieme riconoscere i segni dei tempi » (Presb. ordinis, 9b).

La « Gaudium et Spes » va più avanti, affermando che non solo i cattolici, ma tutti i credenti, e anche i non credenti possono recare un contributo necessario al discernimento dei segni dei tempi. Dopo aver ricordato che la Chiesa sempre si è sforzata « di adattare quanto conveniva il Vangelo sia alla capacità di tutti, sia alle esigenze dei sapienti », e che « tale adattamento della predicazione della Parola rivelata deve rimanere legge di ogni evangelizzazione », rileva che, in tal modo, « viene sollecitata in ogni popolo la capacità di esprimere secondo il modo proprio il messaggio di Cristo, e al tempo stesso viene promosso uno scambio vitale tra la Chiesa e le diverse culture dei popoli », e afferma: « Allo scopo di accrescere tale scambio, oggi, sopratutto, che i cambiamenti sono così rapidi e tanto vari

---

[1] G. Barra: *Mazzolari, un profeta obbediente.* Ed. Gribaudi, 1966, p. 29.

i modi di pensare, la Chiesa ha bisogno particolare dell'aiuto di coloro che, vivendo nel mondo, sono esperti nelle varie istituzioni e discipline, e ne capiscono la mentalità, si tratti di credenti o di non credenti » (44b).

Criteri con cui interpretare i segni dei tempi

a) *E' necessario* avere dei validi criteri d'interpretazione. I segni sono i medesimi per tutti: ma quale divergenza nella interpretazione!

Un esempio, nella cultura. Montale vede il primo pericolo per la cultura nella diffusione senza precedenti che essa ha raggiunto e conclude così la relazione ad un convegno su « Le Fondazioni e la vita della cultura »: « Il mondo di domani, volendo ottimisticamente escludere la ipotesi di una catastrofe generale, sarà formato da una sterminata massa di uomini che potranno accedere alla comunicazione solo nelle forme più basse del grido, dell'eccitazione, del ritmo di un infernale tam-tam che sembra riportare l'uomo alle sue origini tribali ».

Ben diverso è il linguaggio della « Gaudium et Spes », quando parla di una « crisi di crescenza » (4d) e sottolinea come caratteristiche della cultura d'oggi il « grandioso sviluppo delle scienze naturali e umane, anche sociali », l'affinamento del senso critico, la diffusione della cultura nelle masse, « il senso dell'autonomia e della responsabilità » e constata che « siamo testimoni della nascita d'un nuovo umanesimo » 54-55). Chi ha ragione?

b) Il criterio d'interpretazione deve essere attinto *a un mondo di valori.* L'uomo di oggi, anche esperto dei segreti della scienza e capace di dominare la natura con le risorse meravigliose della tecnica, è spesso disorientato e incapace di comprendere i segni dei tempi, perchè non è ancorato a valori assoluti, metro necessario del contingente, del relativo.

c) E' *la parola di Dio,* la fede.

« E' dovere di tutto il Popolo di Dio, soprattutto dei pastori e dei teologi dello Spirito Santo, di ascoltare attentamente, capire e interpretare i vari modi di parlare del nostro tempo, e di saperli giudicare alla luce della Parola di Dio » (44b), « interpretarli alla luce del Vangelo » (4a). « La fede infatti tutto rischiara di una luce nuova, e svela le intenzioni di Dio sulla vocazione integrale dell'uomo, e perciò guida l'intelligenza verso soluzioni pienamente umane » (11a).

René Laurentin, commentando un intervento conciliare di Mons. Duval, arcivescovo di Algeri, ora cardinale, che richiamava l'attenzione sulla azione dello Spirito Santo diffusa su tutta la terra, cita un pensiero di Gide: la risposta a tutti i problemi è quella dell'enigma della Sfinge: *l'uomo;* e osserva: « Noi diremmo che è *Dio,* ma precisando che è Dio fatto uomo, il quale manda lo Spirito agli uomini » [2].

Non vorrei che queste considerazioni fossero accolte pacificamente, come cose ovvie, ma che in fondo non hanno molto a che fare con la realtà concreta della vita. Sono considerazioni che dovrebbero suggerire esami di coscienza e imporre severe revisioni di opinioni e di azione pratica.

Il dovere, proclamato dal Concilio, di scrutare, conoscere e interpretare i segni dei tempi

---

[2] *L'enjeu du Concile,* Bilan de la 33e session, Seuil, Paris, 1965, p. 131.

alla luce della parola di Dio può diventare molto scomodo, persino pericoloso. Lo provò S. Paolo, che, per aver proclemato il tramonto della legge e la nuova stagione della libertà recata da Cristo, si buscò dai Giudei, per cinque volte, quaranta vergate meno una. Ma se non sappiamo discernere i segni dei tempi manchiamo alla nostra missione, rifiutiamo a Crito e ai fratelli la testimonianza di cui siamo debitori.

Possiamo affermare che la realtà sociale dell'ultimo secolo, con le sue esigenze, fondamentalmente cristiane, di giustizia e di libertà, sia stata abbastanza avvertita dalla Chiesa, da tutta la Chiesa, gerarchia e laicato? Oseremmo dire che, in un passato recente, la Chiesa, tutta la Chiesa, abbia riconosciuto i segni dei tempi in una realtà politica italiana negatrice della libertà e abbia reso la testimonianza evangelica chiara e inequivocabile che molti attendevano nel silenzio e nella sofferenza?

E' triste constatare come alcune voci che, allora e dopo, si levarono per denunciare e protestare non solo furono accolte con diffidenza e sospetto, ma soffocate. I riconoscimenti postumi sono doverosi ma non bastano a cancellare i fatti e neppure ad annullare tutte le conseguenze. Penso, per esempio, a Don Primo Mazzolari. Come ricordava recentemente l'amico suo e mio Don Barra; non solo nel campo politico egli seppe vedere e testimoniare quando altri non vedevano né testimoniavano, ma in molti altri campi. « La Chiesa dei poveri e la abolizione del rumore del denaro dall'altare, la virilità del laico e la sua indipendenza nelle scelte temporali, il dialogo coi socialisti e l'amore per i lontani, il rispetto per l'incredulo e la tolleranza nell'apostolato, l'amore come metodo, e il Vangelo come codice;

sono i temi che ricorrono costantemente nelle sue pagine »[3]. Sono temi e programmi del Concilio, che la Chiesa postconciliare è chiamata ad approfondire e realizzare.

Così, per citare un altro settore paradigmatico, quello della cultura, il Concilio ha accolto e sanzionato con l'autorità del supremo magistero ecclesiastico orientamenti teologici a lungo osteggiati e compressi per non aver saputo discernere i segni dei tempi.

Impegno del cristiano in concreto

a) « *Ascoltare attentamente* » (44b). Ciò è particolarmente necessario in un mondo che, come si è detto, va mutando con una rapidità vertiginosa, per cui è continuamente necessaria la verifica della situazione alla quale occorre in qualche modo provvedere. E' chiaro che la vastità del teatro di osservazione e la complessità degli elementi da conoscere e valutare impegnano l'osservatore in uno sforzo attento e continuo.

b) Riflettere, studiare: « scrutare i segni dei tempi » (4a). La « Gaudium et Spes » esorta a uno studio non empirico e superficiale, ma scientifico del mondo d'oggi. Senza questo studio sarebbe illusorio pretendere di rendersi conto di una realtà estremamente complessa. Per quanto la Chiesa ricorre con fiducia all'aiuto degli esperti, credenti e anche non credenti (44b).

c) Poichè nel mondo agiscono non solo fattori naturali e umani, ma l'opera arcana della Provvidenza divina, nella quale si inserisce tutta la storia della salvezza, per conoscere a fondo la

---

[3] *Opera citata,* p. 12.

situazione e le esigenze dei tempi il cristiano deve fare appello all'aiuto dello Spirito Santo, come ci ha ammonito un testo già riportato (44b).

Quali sono i segni dei tempi, oggi?

Che sia una domanda importante, non c'è bisogno di dimostrarlo. Non per nulla la « Gaudium et Spes » li sottolinea e li illustra diffusamente. Non con la pretesa, certo, di scoprire teorie e tendenze e aspirazioni che non possono sfuggire all'attento osservatore del mondo in cui viviamo. Il testo conciliare mira, evidentemente, a stimolare l'attenzione, dei cattolici in primo luogo, e ad aiutarli a interpretare i segni dei tempi nella luce della fede, della parola di Dio. Mi limiterò ad alcune indicazioni schematiche.

A) Uno dei segni si riferisce, più che a un contenuto determinato, a un processo che coinvolge i più svariati contenuti di cultura. E' « l'accelerazione della storia », segnata da un ritmo tale che difficilmente può essere seguita dai singoli uomini (5b). « L'umanità vive oggi un periodo nuovo della sua storia caratterizzato da profondi mutamenti che progressivamente si estendono all'intero universo. Provocati dall'intelligenza e dall'attività creativa dell'uomo, su di esso si ripercuotono, sui giudizi e desideri individuali e collettivi, sul suo modo di pensare e agire sia nei confronti delle cose che degli uomini. Possiamo così parlare di una vera trasformazione sociale e culturale che ha i suoi riflessi anche nella vita religiosa » (4c). « Il genere umano passa da una concezione piuttosto statica dell'ordine a una concezione più dinamica ed evolutiva; ciò che favorisce il sorgere di un formidabile complesso di nuovi problemi; che stimola ad analisi e a sintesi nuove » (5f).

Basterebbe questa constatazione per mostrare la necessità di « vegliare », secondo il monito evangelico, tenendo gli occhi ben aperti su un mondo che è in continua e rapida evoluzione. Straniarsi dalla realtà d'oggi per vivere di ricordi, rifiutarsi allo sforzo di riesaminare assiduamente le nostre idee e i nostri metodi vorrebbe dire rassegnarsi a un'attività infeconda perchè mancante di attualità e di mordente.

B) C'è un'altra caratteristica, o segno dei tempi, che è colta nella società e nell'animo dell'uomo, e che è essa pure comprensiva di molteplici e vari contenuti. E' quell'insieme *di antinomie, di contrasti* che la « Gaudium et Spes » presenta come sintomi della « crisi di crescenza » che attraversa il mondo d'oggi. « Mentre l'uomo tanto largamente estende la sua potenza, non sempre riesce però a porla a suo servizio. Si sforza di penetrare nel più intimo del suo animo, ma spesso appare più incerto di se stesso. Scopre man mano più chiaramente le leggi della vita sociale, ma resta poi esitante sulla direzione da imprimervi.

Mai il genere umano ebbe a disposizione tante ricchezze, possibilità e potenza economica, e tuttavia una grande parte degli uomini è ancora tormentata dalla fame e dalla miseria, e intere moltitudini sono ancora interamente analfabete. Mai come oggi gli uomini hanno avuto un senso così acuto di libertà, e intanto si affermano nuove forme di schiavitù sociale e psichica. E mentre il mondo avverte così lucidamente la sua unità e la mutua interdipendenza dei singoli in una necessaria solidarietà, a causa di forze tra loro contrastanti, violentemente viene spinto in direzioni opposte; infatti permangono ancora gravi contrasti politici, sociali, economici, razziali e ideologici, ne è venuto meno il pericolo di una guerra totale capace di annientare ogni cosa. Aumenta lo scambio delle idee, ma le stesse parole con cui si esprimono i più importanti concetti, assumono nelle differenti ideologie significati assai diversi » (4d-e).

Subito dopo si indica la ragione profonda di tali antinomie: « con ogni sforzo si vuol costruire un ordine temporale più perfetto, senza che cammini, di pari passo, il progresso spirituale » (4e). « Gli squilibri di cui soffre il mondo contemporaneo, si collegano con quel più profondo squilibrio che è radicato nel cuore dell'uomo. E' proprio all'interno dell'uomo che molti elementi si contrastano a vicenda. Da una parte infatti, come creatura, esperimenta in mille modi i suoi limiti; d'altra parte si accorge di essere senza confini nelle sue aspirazioni e chiamato ad una vita superiore » (10a). In un contesto vicino (7-9), si analizzano le tensioni e gli squilibri che affliggono la persona, specialmente tra i giovani, la famiglia, le razze, i gruppi sociali e si ripercuotono sulla vita religiosa, culturale, politica, sociale ed economica.

Questa acuta disamina della realtà d'oggi aiuterà, da una parte, a smorzare l'ottimismo superficiale di chi si lascia troppo facilmente esaltare dai successi della scienza e della tecnica senza domandarsi se e in qual misura essi rivelino valori autenticamente umani; dall'altra parte, inviterà a una comprensione degli uomini d'oggi suggerita dalla verità e ispirata dall'amore, per cui il cristiano si guarderà bene dal condannare come effetto di cattiva volontà ciò che molto spesso è sofferenza e dramma di chi va in cerca di luce e di certezza.

C) Nell'analisi delle antinomie che travagliano il mondo d'oggi, i testi conciliari mettono a nudo alcune *aspirazioni* profonde, che suscitano, quando diventano fatto sociale, rivendicazioni di vasta portata.

1) Tale la *fiducia nella scienza e nella tecnica,* nella « persuasione che l'umanità può e deve sempre più rafforzare il suo dominio sul creato » (9a). Si assiste oggi ad una più radicale modificazione che sul piano dell'intelligenza dà un crescente peso alle scienze matematiche, fisiche e umane, mentre sul piano dell'azione si affida alla tecnica, originata da quelle scienze. Questa mentalità scientifica modella in modo diverso di un tempo la cultura e il modo di pensare. La tecnica poi è tanto progredita da trasformare la faccia della terra e da perseguire ormai la conquista dello spazio ultraterrestre » (5a-b).

2) Cultura e tecnica debbono aiutare l'umanità a « instaurare un *ordine politico, sociale ed economico* che sempre più e meglio serva l'uomo e aiuti i singoli e i gruppi ad affermare e sviluppare la propria dignità » (9a). Di queste aspirazioni enucleiamo un'istanza fondamentale, la coscienza della dignità dell'uomo, dalla quale emergono due componenti entrambe essenziali, ma che spesso entrano in conflitto fra loro: la libertà e la solidarietà.

a) « Cresce la coscienza della esimia *dignità della persona umana,* superiore a tutte le cose, e i cui diritti e doveri sono universali e inviolabili » (26a). La portata di questo principio è d'una vastità e d'una profondità che è difficile misurare, in ordine alle esigenze della vita dell'individuo, della famiglia, dei gruppi sociali in tutti i settori, dall'economia alla cultura, dal lavoro al tempo libero, dalla politica alla religione, e richiede che s'introducano un « rinnovamento della mentalità e profondi mutamenti della società » (26d). La « Gaudium et Spes » non fa che sviluppare questo postulato fondamentale.

La coscienza della dignità della persona umana in quanto tale ha suggerito la risposta ad un'altra esigenza, indicata come un segno dei tempi da Mons. Couderre, Vescovo nel Canadà: « Bisogna affermare la promozione della donna. Si eliminano più nettamente certe false concezioni della sua inferiorità, si manifesti meglio la sua specificità, si rivendichino i suoi pieni diritti civili: è questo un segno dei tempi, che il Concilio non può misconoscere » [4].

Il Concilio, di fatto, ha respinto « ogni genere di discriminazione nei diritti fondamentali della persona « fra la donna e l'uomo » (29b) ne ha auspicato la « giusta promozione sociale », nel pieno rispetto dei doveri propri della vita familiare (52a), « la partecipazione propria e necessaria delle donne nella vita culturale sia riconosciuta e promossa » (6Oc) e « una loro più larga partecipazione anche nei vari campi dell'apostolato della Chiesa » (Apost. act. 9b).

b) E' la dignità della persona umana che fonda il suo inalienabile diritto alla *libertà.* « Il singoli infatti anelano a una vita interamente libera, degna dell'uomo, che metta al proprio servizio tutto quanto il mondo oggi offre loro così ab-

---

[4] LAURENTIN: *op. cit.*, p. 193.

bondantemente » (9c). Questa « libertà cui i nostri contemporanei tanto tengono e che ardentemente cercano », è spontaneamente riconosciuta come un valore in quanto « è nell'uomo segno altissimo dell'immagine divina ». Per essa, con l'aiuto necessario della Grazia, l'uomo può giungere a Dio e conseguire la sua perfezione (17c). Tale aspirazione si afferma vigorosamente anche nel campo religioso; e il Concilio nella conclusione del decreto sulla libertà religiosa « saluta con lieto animo quei segni propizi di questo tempo e denuncia con amarezza » (15c) le violazioni di questo sacrosanto diritto.

Possiamo forse collegare all'esigenza di libertà il valore e l'efficacia della « testimonianza di tutta la vita laicale promanante dalla fede, dalla speranza e dalla carità » (Apost. Actuos. 16d). Per l'uomo d'oggi, che si ribella, almeno con la protesta interiore, a ogni tentativo di costrizione nell'ambito religioso, che diffida della facile propaganda verbale, non c'è argomento più valido per indurlo a riflettere sulla fede che la testimonianza di vita offerta da colui che questa fede professa.

c) Il senso di *solidarietà* fra tutti gli uomini è suggerito dalla constatazione d'una realtà evidente: « E' infatti manifesto che tutte le genti si vanno sempre più unificando, che si fanno sempre più stretti i rapporti fra gli esseri umani di cultura e religione diverse, mentre si fa ognora più viva in ognuno la coscienza della propria responsabilità » (Dignit. hum. 15d).

Il senso di solidarietà è acuito dalla coscienza che, nel processo di « accelerazione della storia », di cui s'è fatto cenno, « unico diventa il destino della umana società senza diversificarsi più in tante storie separate » (5f). Perciò « anche gli stati si sforzano sempre più di raggiungere una certa comunità universale » (9c). Ma, per il cristiano, la solidarietà fra gli uomini ha le sue radici profonde nel disegno di Dio creatore, nella storia della salvezza, nell'opera di Gesù Cristo, il « Verbo » che « volle essere partecipe della convivenza umana » (32).

Una risposta ineludibile all'aspirazione degli uomini alla solidarietà nell'uguaglianza e nella libertà è stata reclamata, con linguaggio particolarmente forte, da un vescovo ausiliare di New York, Mons. O'Boyles, invocando una decisa presa di posizione contro il razzismo: « Non è questa una semplice questione sociale o culturale, ma morale. E' il problema numero uno dei tempi moderni. La Chiesa appare cieca su i segni dei tempi, se non s'impegna più a fondo su questo terreno. E' necessaria una dichiarazione solenne contro ogni discrizione e ogni segregazione »[5]. Questa dichiarazione è stata fatta nella « Gaudium et Spes », n. 29.

Questo sentimento è apertamente indicato come un segno dei tempi, che i cristiani, in primo luogo i laici, debbono potenziare ed elevare: « Tra i segni del nostro tempo è degno di speciale menzione il crescente e inarrestabile senso di ' solidarietà ' di tutti i popoli che è compito dell'apostolato dei laici promuovere con sollecitudine e trasformare in sincero e autentico affetto fraterno » (Apost. Atcuos. 14c).

L'aspirazione all'unità che anima i popoli si traduce, sul piano più propriamente religioso e cristiano, in una spinta benefica e promettente verso l'ecumenismo: « Siccome oggi, per impulso

---

[5] Laurentin: *op. cit.*, p. 191.

della Grazia dello Spirito Santo, in più parti del mondo colla preghiera, la parola e l'opera si fanno molti sforzi per avvicinarsi a quella pienezza di unità, che Gesù Cristo vuole, questo Santo Concilio esorta tutti i fedeli cattolici perchè, riconoscendo i segni dei tempi, partecipino con slancio all'opera ecumenica » (Unit. Redintegr. 4a).

« Riconoscendo i segni dei tempi ». Questo è l'impegno al quale il Concilio invita tutti i cattolici. Una rinnovata presa di coscienza della situazione, delle esigenze, delle aspirazioni, dei valori, delle crisi del nostro tempo sarà stimolo all'azione intelligente e generosa, alla umile e fervida collaborazione con la Provvidenza divina, che con infinito amore opera nel mondo, per condurre alla luce e alla salvezza gli uomini del nostro tempo, di tutti i tempi.

LA FUNZIONE DELL'IMPRENDITORE MODERNO E LA SOCIETÀ PLURALISTICA

Piero Bassetti

La mia intenzione non è quella di fare una dissertazione erudita o dottrinale bensì di riferire l'esperienza pratica di un uomo intorno all'azione imprenditoriale, trascurando ogni approfondimento di tipo teorico. In via preliminare è opportuno precisare che il ruolo, la figura dell'imprenditore, soprattutto nelle economie più avanzate, è cambiata radicalmente negli ultimi cinquanta anni.

L'imprenditore non è più, nella sua intima natura e nella stragrande maggioranza dei casi, paragonabile ad un capitano di ventura e nemmeno riducibile ad un puro e semplice esecutore. Il suo ruolo si definisce sempre più e sempre meglio come quello di una persona insieme tecnica e politica: tecnica, per il possesso di alcune tecniche, che vanno progressivamente raffinandosi; politica perchè è delegata a tutta una serie di scelte che comportano giudizi di opportunità: realizzare una impostazione e raggiungere una finalità ben precisa. Per esaminare il ruolo e la funzione dell'imprenditore moderno in una società pluralistica sorta in sostituzione di società precedenti e diverse, è indispensabile definire il significato del termine « società pluralistica ».

Molto spesso, quando si parla di società pluralistica, tutti credono di sapere cosa sia e cosa significhi. Del resto, l'espressione è significativamente felice: società pluralistica è quella in cui esiste una pluralità di cose, una pluralità della medesima cosa; una società quindi, non monolitica. In termini più precisi, la società pluralistica va intesa come quella in cui normalmente, i rapporti che si instaurano a livelli diversi tra gli uomini e le organizzazioni sociali, sono caratterizzati da una molteplicità e compleccità di situazioni intermedie le quali fanno sì che sull'asse verticale non ci sia un rapporto frontale immediato (uomo-nazione, uomo-stato), e sul piano orizzontale non ci siano schemi semplici (contadini-nobili). Una società pluralistica è una società nella quale, sia sul piano verticale (esperienza intermedia, livelli intermedi) sia sul piano orizzontale delle specializzazioni di tipo funzionale, sia sui piani che dovremmo definire traversi, cioè di funzioni molteplici e complete, esistono per attività diverse e per segni diversi, abitudini o anche istituzioni preposte in modo corrispondente.

In questo senso, direi, che la società pluralistica, pur accettando modi di organizzazioni complesse e diverse non trascura il raggiungimento di un fine unico ed univoco, alla stessa stregua delle cellule viventi, che pur se ordinate in funzioni ed in organi diversi, collaborano tutte alla realizzazione di una finalità organicamente ben definita e di valore superiore.

Le considerazioni fatte sulla natura del pluralismo, ci inducono a pensare che esso non sia una risposta casuale, ma rappresenti la soluzione di un problema di interesse fondamentale. Ciò perchè consente la realizzazione delle sintesi non possibili in altre società tra le ragioni dell'individualismo o meglio del personalismo e le ragioni della socializzazione. Il pluralismo realizza infatti l'integrazione fra soggetti diversi preposti a funzioni diverse. Sotto questa luce il pluralismo non rappresenta una fase intermedia in un processo di sviluppo, bensì una fase di sintesi di una dialettica (quella dell'individualismo e quella della socializzazione estrema) valorizzando, in tal modo, il suo contenuto ed il suo significato.

Sul piano del pensiero tale sintesi, pur esaltando il ruolo della persona e dell'individuo, ne riconosce la natura sociale e la conseguente necessità di partecipare alla vita sociale, proprio per realizzare l'intento superiore di una società e di una convivenza più ordinata.

Il pluralismo costituisce, pertanto, il superamento tecnico e razionale del vecchio dilemma che ha sempre travagliato la società anche quella moderna. Il dilemma, cioè, tra l'esaltazione del valore incontrastato dell'individuo e quello altrettanto incontrastato della società. Nel primo caso si corre il rischio dell'individualismo e dell'egoismo; nel secondo quello della standardizzazione, della massificazione e, quindi dell'annullamento della personalità.

Il riconoscere la validità del pluralismo come superamento al vecchio dilemma individualismo o massificazione, ci consente di intenderlo non come fatto funzionale o strumentale, ma come valore essenziale da ricercare e da perseguire. In tal modo possiamo comprendere come solo la tradizione cristiana abbia sempre avuto come suo obiettivo naturale e di vita una società pluralistica. Al pluralismo è devoluto il compito di invalidare, non solo discorsi che si ispirano ad una concezione individualista — esempio: la concorrenza fra individui realizza il fine sociale —, ma anche quelli derivanti da una concezione puramente socialista — esempio: la socializzazione è l'unica forma per realizzare i fini collettivi —.

Il pensiero cattolico applicato interpretando talvolta in modo superficiale anche profonde affermazioni, come quelle contenute nella « Rerum Novarum », ha affrontato il dilemma fra individuo e società in modo ambiguo, senza prenderlo di petto. Ha detto: noi siamo per la difesa dell'individuo e quindi propugnamo un pò di socialismo. E' chiaro che un discorso di questo genere va incontro a tutti gli inconvenienti degli equivoci: riempie la bocca di un oratore specie se politico; frana o si frantuma quando diventa presupposto di un'azione concreta. Ad esempio: frana quando ci deve dire se il compito dell'impresa sia quello di realizzare il profitto oppure fini sociali. Infatti, il gruppo degli imprenditori cattolici è stato quello più sottoposto, e drammaticamente, a tensioni sociali.

Dalla soluzione di realizzare come imprenditori soltanto il profitto, si passa a quella utopistica dell'imprenditore che, mandando in rovina la sua azienda, non solo esce dal novero degli imprenditori stessi ma, proprio per l'erroneità delle sue impostazioni, tradisce il ruolo che ha accettato. La concezione della società pluralistica trova la sua giustificazione proprio nella necessità di superare tali erronee posizioni e scaturisce evidentemente da un lungo processo storico-economico. Come le mele sono sempre cadute, anche prima della scoperta della legge di gravità, così nelle scienze sociali c'è voluta l'evidenza dei fenomeni per indurre alla riflessione e alla teorizzazione.

Alla luce di tali principi la funzione dell'impresa comincia a presentarsi in modo molto più chiaro. Da quando gli economisti hanno accettato di sostenere la tesi della produzione del profitto come funzione dell'impresa si è cominciato a teorizzare che tale funzione sia quella di realizzare fini sociali misurati attraverso il profitto: la differenza è molto importante. Così come si è abbandonata la fase nella quale si riteneva che l'impresa dovesse perseguire il profitto se privata, e perseguire il deficit, se pubblica.

Tutto questo, in realtà, si sta risolvendo in una visione della funzione dell'impresa molto più chiara e molto meno subordinata. Si è cominciato a capire che in realtà l'impresa altro non è che una cellula cioè un tipo di società, una società intermedia, una società speciale di tipo funzionale preposta al fenomeno della produzione, che ha le sue leggi ma che non ha un fine così preciso come, in un primo tempo, l'illusione e l'errore di certi economisti aveva creduto di ritrovare.

Il fine della produzione è sempre un fine complesso poichè i valori che si realizzano nella produzione sono sempre complessi, e cioè al tempo stesso sociali, morali, estetici, ecc. Non esiste tuttavia una dimensione dell'economico distinto dal sociale e dal culturale, dall'estetico, dal fisiologico. Perciò, se la sua funzione è quella della produzione, risulta chiaro che la produzione è al servizio di chi la utilizza. Chi la utilizza non è un individuo, non è l'imprenditore, il quale semmai ne utilizza un frutto, che può essere la differenza fra costi e ricavi, cioè il profitto; ma nemmeno quello, perchè non c'è imprenditore che utilizzi il profitto, in quanto generalmente esso è impiegato nella stessa azienda, come fatto di autofinanziamento.

Se l'utente della produzione è, e non può non essere la società, possiamo veramente dire che l'azienda in una società vista per quel che è sempre stata e più chiaramente oggi appare, non è nient'altro che la molecola di individui organizzati, che collaborano per realizzare una finalità sempre attinente alla società, in quanto società sono gli uomini, sono i consumatori. Vecchie definizioni, del tipo: « l'impresa come coordinazione economica istituita e retta a fini di lucro » continuano a mantenere la loro vitalità. Il lucro non può essere un fine sociale, ma individuale o di un gruppo di individui; e quando è chiaro che la produzione serve non chi la fa, ma chi la consuma, è altrettanto chiaro che è proprio essa ad assumere un valore sociale, mentre il lucro o il profitto può essere il movente, la motivazione, l'incentivo, la misura di efficienza, non la giustificazione di un'impresa.

Nessun uomo di buon senso si sentirebbe di affermare che l'impresa è giustificata sempre e comunque quando produce lucro, perchè così ragionando la fantasia ci consentirebbe di dire che un'impresa la quale produca automobili o qualunque bene di prima necessità, è gerarchicamente superiore nella sua utilità ad una impresa che produca un lucro minore ma abbia un servizio sociale maggiore. E questa è una tesi aberrante. Noi dobbiamo discutere se l'impresa debba essere deficitaria, perchè questo è discorso completamente diverso. E' certo comunque che il profitto diventa misura di efficienza, e la condizione perchè l'impresa sia una buona impresa in quanto, essendo una società finalizzata, ha un servizio una funzione un'etica: quella di fare il suo mestiere, il meglio possibile, massimizzando il rapporto tra fini e mezzi.

Discutere se la finalità dell'impresa sia il profitto o no, è tempo perso perchè, in realtà il problema non è, se l'impresa debba essere efficiente o no (l'impresa deve sempre, e comunque essere efficiente), ma è di misurare la efficienza. Qui dobbiamo ricordare la Costituzione « Gaudium et Spes »: « Nelle imprese economiche si uniscono delle persone, cioè uomini liberi ed autonomi creati ad immagine di Dio. Perciò, avuto riguardo ai compiti di ciascuno — sia proprietari, sia imprenditori, sia dirigenti, sia lavoratori — e salva la necessaria unità di direzione dell'impresa, va promossa l'attiva partecipazione di tutti alla vita dell'impresa. Poichè tuttavia, in molti casi non è a livello dell'impresa ma a livello superiore, in istituzioni di ordine più elevato, che si prendono le decisioni sulle condizioni generali economiche e sociali, condizioni da cui dipende l'avvenire dei lavoratori e dei loro figli, bisogna che essi siano parte attiva anche in tali scelte, direttamente o per mezzo di rappresentanti liberamente eletti » (68a).

Emerge subito che l'imprenditore moderno, nel ruolo tecnico politico, e come tale preposto all'impresa, ha una funzione: la funzione di autorità che, come avevo accennato al Convegno della ACLI di Vallombrosa, non deve però trasformarsi in autoritarismo, il che lo porterebbe a venir meno ad un suo preciso dovere di imprenditore moderno. Ma dove si qualifica l'impegno dell'imprenditore cristiano rispetto a quello dell'imprenditore moderno? Un paragrafo (68) della « Gaudium et Spes » lo indica indirettamente: l'imprenditore raggiunge tale qualificazione con la sua partecipazione attiva alla società pluralistica, cioè nel riconoscimento che l'impresa è si una società funzionale definita per realizzare certi obiettivi ma è, per ragioni pertinenti alla concezione dell'uomo, portatrice di un rapporto esclusivo individuale con Dio: una comunità di uomini che vanno presi nella pienezza del loro essere e non soltanto nella loro capacità di prestare qualsivoglia lavoro.

Un punto discriminante è questo: la comunità aziendale, pur mantenendo l'efficienza e realizzando la funzionalità, deve rimanere una comunità di uomini che « partecipano » ai fini della comunità. Solo in questo caso l'impresa diventa una tipica società intermedia che, inserita in una società pluralistica, ricava la sua giustificazione ed il suo valore dal voler essere sintesi tra la difesa dei valori personalistici e la difesa dei valori della socializzazione. Se riflettiamo sulla precedente citazione della « Gaudium et Spes », ci accorgiamo che la partecipazione è l'elemento chiave del tema. La stessa costituzione lo asserisce molto chiaramente subito dopo: « Grazie a tale partecipazione organizzata, congiunta con una formazione economica e sociale crescente, andrà sempre più aumentando in tutti la coscienza della propria funzione e responsabilità, per cui essi verranno portati a sentirsi parte attiva, secondo le capacità e le attitudini di ciascuno, in tutta l'opera dello sviluppo economico e sociale e della costruzione del bene comune universale » (68/b[2]). Poichè nella definizione dell'impresa dataci dalla « Gaudium et Spes », cui abbiamo fatto riferimento, vi è un inciso, che potrebbe dare adito a poca chiarezza, è doverosa e necessaria una puntualizzazione. In essa, infatti, è detto: « salva la necessaria unità di direzione dell'impresa ». E' un concetto questo che non consente qualunque forma di autoritarismo e non s'accorda a quello del mondo-capitalista, anche se per neo-capitalismo le « human relations » sono un fatto acquisito proprio per un contenuto etico ed ideologico, per una finalità che nè neo-capitalismo nè autoritarismo hanno. La differenza è una sola e sta nella finalità della partecipazione. La finalità delle « human relations » è puramente efficientistica; nella partecipazione della « Gaudium et Spes », è — ripeto — profondamente etica e direi filosofica. Asserire « l'impresa è una struttura di guerra » — affermazione che potrebbe essere vera, in quanto l'impresa è sul mercato, sul mercato esiste la concorrenza, la concorrenza è competizione, la competizione è sostanzialmente battaglia: in battaglia l'unità di comando è determinante — ci permetterebbe di finalizzare la logica dell'impresa alla battaglia e farebbe della figura del prestatore d'opera un semplice strumento. Ma se riconosciamo che l'impresa costituisce una posizione sistematica all'interno di una organizzazione moderna, essa non può imporci tale logica, perchè bisognerebbe creare tutta una serie di contrappesi che sono in genere quelli che il mondo neo-capitalista è costretto a porre in termini di alienazione.

Riteniamo sia necessario trovare il giusto limite tra autorità e partecipazione: trovare quindi la partecipazione come dimensione effettiva. Allora il discorso diventa tipicamente imprenditoriale. Questa è la sfida del moderno imprenditore cristiano: realizzare una impresa efficiente con un grado di partecipazione tale da caratterizzarla come una comunità di uomini non come una comunità di rotelle. Ma non si tratta di stabilire che la soluzione debba essere alla « Huxley » o alla « Orwel »: la prima di partecipazione organica, la seconda di sostanziale esclusione o massificazione. Il problema è di realizzare un tipo di presenza cosciente che riscatti la partecipazione ad una società organica, senza cadere nella soluzione utopistica. Da qui nasce la tentazione dei cattolici di trasformare l'impresa, da reparto di guerra e caserma, in convento: una società di angeli e di santi dove le finalità comuni e di efficienza verrebbero da tutti accettate pacificamente con la luce dello Spirito Santo, con l'illuminazione della collaborazione all'interno di utopistiche cooperative, che poi in sostanza è lo stesso tipo di soluzione che altre esperienze, con altre finalizzazioni, altra etica, hanno tentato al livello di soviet, al livello di governi di assemblea. Nostro compito deve essere quello di trovare l'inserimento della partecipazione nella società pluralistica, evitando soluzioni più facili come quelle di una disciplina a metà, delle « human relations », dello allineamento o dell'anarchia.

Personalmente sono convinto che non solo sia possibile fare questo, ma che sia compito dell'imprenditore moderno cimentarsi in tale fatica. L'imprenditore ha il dovere di introdurre una dose di partecipazione ogni volta che abbia una ispirazione. Ma deve controllare continuamente che questo tipo di impostazione non trascuri i vincoli e neppure la tensione tipica della problematica morale, che non può essere misurata sulla base dei risultati oggettivi, ma che va giudicata per le sue componenti, per l'animazione che rappresenta. Sul terreno della attuazione pratica, la partecipazione dell'impresa è un fatto che attiene alla sola problematica esterna dell'impresa (scelta dei fini dell'impresa all'interno della società), o attiene anche alla problematica dei rapporti interni all'impresa? Si tratta di una chiarificazione importante. Nella prima parte di questa esposizione ho cercato di spiegare come la partecipazione interessi soprattutto la vita interna della impresa, l'ho fatto di proposito, come una scelta operativa.

Il discorso relativo ai rapporti fra impresa e società delle imprese è infatti un tema più vasto, strettamente connesso alla programmazione. In questo caso il problema della partecipazione si pone all'interno di un più generale problema come quello — per fare un esempio — che stiamo verificando attualmente a Milano al Comitato Regionale per la Programmazione, a livello dei rapporti fra partecipazione e programmazione. Perciò il discorso vero è questo: la programmazione deve essere democratica, cioè partecipata, non tecnocratica o addirittura autocratica. Ma lasciando questo problema generale, certamente affascinante, veniamo al nostro discorso: conciliare la partecipazione ad un bisogno organico superiore da parte dell'imprenditore, e chiediamoci quali siano le premesse logiche e concettuali per affermare che tutto questo è necessario all'interno della impresa. La mia esperienza di dirigente industriale mi porta ad affermare che si tratti di logiche stranamente semplici.

Che cosa vuol dire partecipazione dell'impresa? Vuol dire partecipazione alle decisioni, decisioni che sono più numerose, più rapide, più drammatiche di quelle politiche.

Chi prende le decisioni? Non c'è luogo comune più falso di quello che afferma che le decisioni le prende qualcuno ad un certo livello, sopra una terza riga che contrapporrebbe dialetticamente altri gruppi.

Questo non è vero, è una deviazione anomala che non caratterizza alcuna impresa e soprattutto non caratterizza oggi le imprese veramente efficienti, perchè non è così che si prendono le decisioni. Oggi infatti la funzione decisionale, cioè la funzione imprenditoriale nella sua essenza, quale definita da Schumpeter — cioè di coordinazione innovativa — tende ad essere portata fatalmente ed automaticamente dalla modernizzazione, dalla razionalizzazione fino ai livelli più bassi. E' lecito affermare che in un'impresa modernamente organizzata ci sia una minoranza di persone che dia una prestazione di lavoro fisico e una piccolissima minoranza che dia una prestazione di lavoro pseudo mentale che non contenga scelte, a volte di notevole importanza. Se questo è vero il discorso della partecipazione lo si può considerare per definizione risolto. Si tratta di fare delle buone organizzazioni che riflettano la realtà e non una pretesa di realtà, perchè non può essere ammesso che ci sia qualcuno che decida e qualcuno che subisca acriticamente; ma è ammesso sempre che ci sia chi decida certe cose e chi ne decida altre.

La partecipazione diventa allora un problema dinamico, del tutto privo di soluzioni di continuità: il tentativo di tutti i giorni, di tutti i mesi di ampliare la sfera delle decisioni che sono trasferibili a gruppi di livello più basso. Tutto ciò non nel danno dell'impresa, ma nel suo interesse, perchè si riuscirà a conciliare la logica della partecipazione con la logica del decentramento delle decisioni. Questo è del resto l'obiettivo massimo di qualunque dirigente efficiente che abbia capito come nel mondo moderno il decentramento delle decisioni sia la base dell'efficienza, della economicità e della razionalità.

Tale ragionamento urta contro un solo problema: il mondo degli imprenditori tende a dividersi fra quelli che si impadroniscono subito di una nuova tecnica, quelli che già la possiedono, quelli che si apprestano a possederla in un secondo tempo. Di questo non ci dobbiamo scandalizzare. E' chiaro che anche quando il primo uomo andava in bicicletta era considerato un acrobata ma il sistema ed il meccanismo erano quelli di oggi, quando tutti sappiamo andare in bicicletta. Quindi, non è assolutamente detto che una organizzazione partecipata di un'impresa, per il solo fatto che è un'organizzazione di minoranza, possa non essere considerata un'organizzazione naturale, una metodologia naturale in un domani che può essere « voltato l'angolo ».

Non si tratta, quindi, di condurre polemiche astratte, bensì di impadronirsi della logica, verificarla e contestarla se non valida; accettarla se valida. Fissato tale punto fermo, occorre esaminare l'atteggiamento della controparte, sindacati e lavoratori. Molto spesso, è lo stesso mondo sindacale che ha timore della partecipazione — per una logica giustificabile — e che asserisce che la partecipazione, nella misura in cui s'impegna, corrompe. Con una certa accezione della parola, la affermazione è sicuramente vera.

Il prestatore d'opera è portato ad assumere la logica dell'impresa, anzichè la logica dei suoi interessi scissi da quelli dell'impresa, con il vantaggio di assicurarsi una partecipazione più cosciente ai vantaggi che una comunità dà, e con lo svantaggio di perdere la capacità di contestazione come individuo. Per analizzare, sia pure per grandi linee, quali contraccolpi comporta un discorso di partecipazione nella logica del prestatore d'opera che vede scosso tutto un sistema basato sulla logica della dialettica contestativa che ha anche dato non trascurabili risultati, è interessante soffermarci sulle tecniche per realizzare la partecipazione. La linea pratica è quella di portare, ogni volta che risulta possibile, non tanto le decisioni a livelli inferiori, quanto l'informazione sugli effetti degli atti singoli, comuni, sociali, nei termini di misura del sistema che nella impresa sono quelli della contabilità — economica, tecnica, fisica — oltre a realizzare l'abitudine faticosissima di dire il perchè delle scelte, riservandosi di discuterne il contenuto, poi gli effetti e, in un terzo tempo, la corresponsabilizzazione agli effetti.

Frequenti, del resto, sono stati i casi in cui gli operai hanno messo in evidenza ai loro datori di lavoro che certe decisioni avversate si erano poi rivelate sciocchezze, perchè ad ogni livello è possibile vedere certi orizzonti meglio che da qualunque altra posizione. E', quindi, essenziale definire il modo di comportamento che raggiunga e, meglio, massimizzi i risultati. Il rapporto si stabilirà allora in questo senso: agire in tal modo per arrivare a questi risultati. Questo è implicito nell'esercizio di un'autorità che non deve essere mediazione compromissoria, ma può essere integrazione nelle scelte, nelle decisioni e conservare tutta la sua validità.

L'altro aspetto della partecipazione è la presenza del sindacato. Tale presenza ha portato al sindacato stesso una serie di difficoltà, perchè, invece di poter sedere a tavole di contestazione, deve sottostare alla gestione imprenditoriale, senza nemmeno poter passare alla gestione mediante la nomina di un membro nel consiglio di amministrazione. Formalismi dai quali lo stesso Concilio aveva messo in guardia, raffreddando l'entusiasmo che per un certo periodo aveva pervaso le forze del mondo cattolico e che oggi va considerato con atteggiamento critico. Se è vero che l'impresa moderna è un fatto pluralistico e se alla società pluralistica attribuiamo un significato di valore e non un significato sociologico, ne deriva che l'impresa può e deve essere un fatto di partecipazione. L'imprenditore deve portare avanti un discorso che sia nei suoi contenuti di valore corrispondente al pensiero cristiano, che ritroviamo con chiarezza dopo la prevalenza dell'equivoco liberale e comunista-socialista.

Realizzando la partecipazione, l'imprenditore reca un notevole contributo al ritrovamento di quella visione unitaria del mondo che è nell'essenza dei valori di fondo del cristianesimo, dei suoi valori filosofici, oltre che etici, sociali, umani. Avremo, infatti, la possibilità di constatare che in una società pluralistica, capita per quello che è, anche il fenomeno della produzione, non è in conflitto o in dialettica necessaria. Andremo, pertanto, oltre quella che sembrava una dialettica insuperabile; una dialettica che, sia nelle manifestazioni del liberalismo, sia in quelle del marxismo, appariva come un punto fermo. Se riusciremo a dimostrare, attraverso la partecipazione aziendale, che esiste una dimensione di sintesi organica all'interno della quale il fenomeno produttivo può collegarsi con gli altri fenomeni di organizzazione sociale, avremo dato un concreto e costruttivo contributo a realizzare una visione più cristiana del nostro mondo e della nostra società.

I SEGNI DEI TEMPI NELLA BIBBIA

Donaziano Mollat

Il tema dei segni dei tempi nella Bibbia suppone già noto il fatto che per la Sacra Scrittura esistono « dei tempi ». Non si può, pertanto, interrogare La Bibbia intorno ai segni dei tempi senza scrutare, nello stesso tempo, l'idea che essa si fa del tempo.

E' proprio a proposito del « tempo » che si manifesta forse più chiaramente che mai l'originalità del pensiero biblico. Talvolta si semplifica il problema opponendo, senza sfumature una nozione ciclica del tempo (che sarebbe quella del mondo antico, non biblico, in generale, e dei Greci in particolare), ad una concezione lineare del tempo (che sarebbe quella della Bibbia). La Bibbia, perchè è umana, conosce di fatto la nozione ciclica del tempo cosmico scandito dal ritorno regolare dei giorni e delle notti, dei mesi, degli anni e delle stagioni. Questo ordine temporale è l'opera di Dio. Dopo il cataclisma del diluvio, la restaurazione definitiva della successione armonica dei ritmi della natura è celebrata nella Genesi come il rinascere stesso della vita: « finchè durerà la terra, semine e raccolti, freddo e caldo, estate ed inverno, giorno e notte non cesseranno giammai » (Gen. 8, 22).

Di questi ritorni regolari dei tempi cosmici, il Creatore stesso ha disposto « i segni ». Egli ha collocato in permanenza nella creazione « dei segni dei tempi »: Dio l'ha detto: « Ci siano dei luminari nel firmamento dei cieli per separare il giorno e la notte! servano essi da *segni,* tanto per le feste che per i giorni e gli anni! » (Gen. 1, 14). Il libro dell'Ecclesiastico celebra questo perfetto ordinamento: « La luna ... con uguale esattezza scandisce i mesi e divide i tempi ... Essa determina le feste; ... da essa trae il mese il suo nome (Eccli. 43, 6-8). Per il libro della Sapienza, è dono proprio del sapiente il riconoscere « la successione delle epoche e degli anni » (Sap. 8, 8). S. Paolo, nel suo discorso di Atene presenta come un beneficio di Dio il fatto che « Egli ha stabilito per gli uomini dei tempi determinati e i limiti del loro *habitat* » (Atti 17, 26). Questa attenzione semplice e paesana, diremmo, ai segni dei tempi cosmici appare anche nel Vangelo. Gesù la menziona senza biasimarla (Mt. 16, 2ss.; Lc. 12, 54).

La religione biblica, come ogni religione dell'antichità, ha riconosciuto a questi grandi ritmi cosmici un carattere sacro. Essa li ha integrati in un ciclo di feste stagionali, che inquadra e riferisce a Dio tutta la vita degli uomini e ne rende sacra la durata. Queste feste religiose stagionali sono i segni sacri del tempo cosmico in cui si svolge la vita degli uomini quaggiù.

E tuttavia la vera originalità del pensiero biblico non sta lì. In esso la ritualizzazione del tempo cosmico è collaterale e ciò non è avvenuto senza prestarsi a contaminazioni pagane, aspramente rimproverate dai profeti. Nonostante l'abuso che si è fatto di alcune espressioni dell'Ecclesiaste, ciò che ne costituisce l'insegnamento proprio, non è l'eterno ritorno dei cicli chiusi su se stessi, ma il legame stabilito tra il tempo e la storia che vi si svolge. Per la Bibbia il tempo « fa corpo colla storia »[1], dice giustamente A. Neher; esso è il quadro di un'azione che lo qualifica. C'è un inizio, che la Bibbia concepisce come il punto di partenza di un cammino verso una fine assegnata dal Creatore sin dal principio. Nel tempo si realizza un'opera e si compie un disegno. Sin dal principio, esso è ordinato ad una maturazione, è diretto e mosso dall'interno verso una pienezza. Il tempo è legato alla vocazione dell'uomo e questa è di amare Dio. Come brevemente dice il citato autore: « il tempo biblico è il ritmo di questa vocazione »[2].

Si pone, a questo punto, la questione: nello stesso modo che Dio ha stabilito nel cosmo dei « segni » per regolare e misurare i tempi, non avrà pure disposto, nel progresso della durata storica, dei segni, che permettano all'uomo di situarsi nel seno di questa durata? La risposta della Bibbia a tale questione è positiva. Nello svolgersi del tempo storico, Dio ha realmente collocato dei segni che orientano l'uomo nella esistenza e gli permettono di regolare la sua azione. Nel seno della durata storica, come nel seno della durata cosmica, ci sono « dei segni dei tempi ». Essi sono i punti di individuazione della vocazione dell'uomo e i capisaldi della storia della salvezza: rivelano all'umanità il senso del suo cammino e determinano le tappe del piano di Dio.

Questa concezione è strettamente legata alla nozione di alleanza, cioè al disegno da Dio con-

---

[1] A. Neher: *L'essence du prophétisme,* Paris, 1955 p. 256.

[2] *Ibidem,* p. 116.

cepito di fare dell'uomo un proprio amico e di realizzare nel tempo un'opera in collaborazione con Lui. La storia non è altro per la Bibbia che la realizzazione comune di questo « progetto » divino. I segni dei tempi sono le prime proposte di Dio all'uomo in vista di questa alleanza, sono gli appelli che gli indirizza, le promesse che gli fa, i nuovi orizzonti che gli scopre, gli obiettivi che Egli propone all'azione dell'uomo. Il Dio dell'alleanza si impegna sempre più profondamente nel tessuto della storia umana. I segni dei tempi fissano le tappe di questo impegno. Essi rivelano che Dio viene, che agisce nella storia, che il suo disegno progredisce, che si prepara un nuovo passo in avanti nell'alleanza, passo cui l'uomo deve associarsi.

La Bibbia ha fissato il ricordo di questi grandi segni, dati da Dio all'umanità, i quali hanno marcato il tempo con la traccia indelebile del suo passaggio e del suo amore.

Il primo di questi segni è l'arcobaleno, posto alla fine del racconto del diluvio universale: un segno cosmico che l'autore sacerdotale integra nella prospettiva storica. Dopo il cataclisma, è il segno della pacificazione, il sorriso di Dio nel cielo, la prova della volontà irrevocabile di fare alleanza colla sua creatura: « Ecco il segno della alleanza che io metto tra me e voi e tutti gli esseri viventi che sono con voi, per le generazioni che verranno: io pongo il mio arco tra le nubi ed esso sarà un segno di alleanza fra me e la terra ... » (Gen. 9, 12ss.). « Segno dei tempi », che libererà l'umanità dal timore di una divinità ostile, ed è l'assicurazione da parte del Creatore della sua volontà di salvare la vita, pegno della ripresa della storia: questo segno si apre sull'immensità dei tempi.

Il secondo grande « segno dei tempi » è la vocazione di Abramo. Qui Dio s'impegna più addentro nella storia degli uomini; non si tratta più di un'assicurazione generale circa la salvezza della vita. La Sua parola ad Abramo è una promessa, un impegno con giuramento: « Io farò di te un grande popolo, ti benedirò, renderò grande il tuo nome, che servirà di benedizione » (Gen. 12, 2). In virtù di questa promessa, si opera nel tempo degli uomini una mutazione profonda: la durata diventa da questo momento un avvenimento e l'oggetto della promessa la polarizza d'ora in poi tutta intera. Essa non sarà più la ripresa invariata dei cicli cosmici della natura e della vita; diviene il luogo di un'attesa: la storia si protende verso un dono, verso un'eredità, di generazione in generazione.

Dio dà un segno ad Abramo di questo senso nuovo conferito alla storia umana e tale segno dei tempi nuovi Egli lo sceglie ancora dalla natura. Dio prende a testimone della Sua promessa il cielo trapunto di miriadi di stelle: « Leva al cielo gli occhi ed enumera le stelle se contar le puoi ... tale sarà la tua prosperità » (Gen. 15, 5). Questa scelta non è senza importanza. Il cosmo appare ancora una volta integrato nel disegno di Dio e chiamato a significarlo; tempo storico e cosmo non sono dunque realtà separate: essi sono correlativi. La storia sacra abbraccia tutto l'universo. Nessuno potrà contemplare lo splendore del cielo stellato, senza pensare alla promessa fatta ad Abramo, senza ritrovarvi un « segno dei tempi ».

Tuttavia ai Patriarchi è dato un altro segno: quello scritto nella loro carne: « Voi farete circoncidere la vostra carne. Sarà questo il segno dell'alleanza tra me e voi » (Gen. 17, 11). La miriade delle stelle, la polvere innumerabile della terra (13, 16) erano il segno della promessa di Dio; la circoncisione nella carne di Abramo sarà il segno della risposta dell'uomo. Sarà, come dice S. Paolo, « sigillo della giustizia della fede » (Rom. 4, 11). E di questa fede di Abramo, l'Apostolo non esiterà a fare un segno dei tempi futuri, cioè una profezia della fede dei cristiani: « Quando la Scrittura dice che la sua fede gli fu presa in conto, non lo dice solo per lui, ma anche per noi » (Rom. 4, 23).

Coll'Esodo e l'alleanza del Sinai, Dio s'impegna ancora di più; coll'alleanza Egli non si lega più con un uomo e la sua discendenza, ma con un popolo e moltiplica allora i « segni ». « Interroga dunque — dice il Deuteronomio — i tempi antichi che ti precedettero dal giorno in cui Dio creò l'uomo sulla terra ... C'è forse un Dio che sia venuto a cercarsi una nazione in mezzo ad un'altra nazione, con prove, segni, prodigi, lotte con mano forte e braccio teso ... » (Deut. 4, 32-34).

Israele non dovrà mai dimenticare questi segni dei tempi della sua liberazione e della sua nascita a Dio. Il rito pasquale dovrà ricordarglielo sempre: « Questo rito ti terrà luogo di segno sulla mano e di memoriale sulla fronte » (Es. 13, 9). Così pure le parole della legge: « Tu le legherai quale segno sulla tua mano » (Deut. 6, 8). La Pasqua, la Legge, la presenza della gloria divina nel tabernacolo questo triplice segno del passaggio divino marca per sempre questi tempi di Grazia.

In questo periodo della storia della salvezza, Mosè è l'uomo provvidenziale. In lui Dio accende una immensa compassione per la sofferenza del suo popolo e un violento sentimento di rivolta contro l'ingiustizia della oppressione: primi fremiti che annunciano nel suo cuore l'approssimarsi bruciante di Dio. Al momento opportuno, Dio gli rivelerà il suo disegno e Mosè diventa il liberatore, il legislatore, il profeta. Nella sua persona stessa si incarnano i segno dei tempi: egli è l'uomo dell'alleanza dal viso risplendente della gloria del faccia a faccia con Dio; tuttavia egli è pure l'uomo dal viso velato, significando con ciò, secondo S. Paolo, che, quale che sia la gloria del Sinai, la pienezza dei tempi non è ancora venuta: « Ma quando Israele si convertirà, il velo sarà tolto via » (2 Cor. 3, 16).

Nella lunga storia del popolo di Dio è ai profeti soprattutto che si deve domandare la rivelazione dei segni dei tempi. Il profeta, in Israele, è per eccellenza il confidente del disegno di Dio. E' per suo mezzo, che — secondo la formula di C. Tresmontant — la storia biblica è divenuta cosciente del proprio senso. Il profeta è sensibilizzato all'azione di Dio; è attento ai segni di Dio e più degli altri ne vibra all'approssimarsi. Amos esprime con forza questa sensibilità del profeta ai segni dei tempi. Egli ha percepito l'avvicinarsi del giudizio di Dio e scrive: « Si va forse in due insieme senza essersi accordati? Rugge forse il leone nella foresta senza che abbia una preda? Fa udire il leoncello la sua voce se non ha perso nulla? Si slancia forse l'uccello sulla terra se non c'è un'esca per lui? Scatta forse il laccio dal suolo se non ha preso qualche cosa? O squilla la tromba in città senza che il popolo sia atterrito? O succede una sciagura in città senza che Jahvé sia all'opera? No, non suol fare il Signore Jahvé cosa alcuna senza comunicare la deliberazione ai suoi servitori, i profeti » (Am. 3, 3-7).

Il profeta vive intensamente le peripezie dell'alleanza; sa quando la parte divina è offesa e la misura è ricolma, sa quando Dio sta per lasciare libero corso alla collera della sua santità: sente il sopraggiungere dell'uragano, annuncia la catastrofe imminente. Tutto diviene per lui « il segno ». Così il dolente Geremia, che sente in tutto il suo essere la minaccia sospesa sul popolo: un ramo di mandorlo, una caldaia bollente, tutto è per lui « segni dei tempi », simbolo del cataclisma imminente: « Mi fu rivolta la parola di Jahvé: 'Che cosa vedi Geremia?'. Io risposi: 'Vedo un ramo di mandorlo'. Jahvé soggiunse: 'Hai visto bene, perchè io vigilo sulla mia parola per realizzarla'. Quindi mi fu rivolta di nuovo la parola di Jahvé: 'Che cosa vedi?' Io risposi: 'Vedo la caldaia bollente; essa appare dal nord'. Jahvé mi disse: 'Dal nord ribollirà la sventura per tutti gli abitanti di questo paese ...' » (Ger. 1, 11-14)[3].

Altre volte, al contrario, il profeta presente l'avvicinarsi dell'opera della misericordia e del perdono. La sua parola diventa allora buona novella di salvezza: vangelo di consolazione; è il nome abitualmente dato alla seconda parte del libro di Isaia. Al termine dell'inverno dell'esilio, si assiste alla esplosione di una primavera. Da ogni parte il profeta vede sorgere i segni precorritori del rinnovamento. Dio invita alla goia: « Sali su un alto monte, o messaggera di Sion; alza la voce con forza, o messaggera di Gerusalemme. Alza la voce, non temere; di' alle città di Giuda: 'Ecco il vostro Dio' » (Is. 40, 9). La conclusione è una visione primaverile: « Sì, voi uscirete con gioia, in pace sarete condotti. I monti

[3] Cf. A. Neher, *op. cit.*, pp. 336 s.

e i colli eromperanno in giubilo davanti a voi, ogni albero campestre batterà le mani. Invece di spine cresceranno cipressi, invece di ortiche cresceranno mirti; ciò sarà a gloria di Jahvé, per un segno esterno che non scomparirà » (Is. 55, 12 ss.).

Lo sguardo del profeta non si arresta ordinariamente alle frontiere dell'immediato. I segni dei tempi si prolungano per lui al di là del tempo presente. Dio gli parla delle profondità dell'avvenire più lontano. I segni dei tempi si iscrivono per lui sulle misteriose prospettive del disegno divino, di cui presente la immensità. Quelle d'oggi sono pure quelle di domani e di dopodomani. Tali sono, per esempio, le visioni della terza parte di Isaia sulla resurrezione di Gerusalemme. Le proporzioni e la gloria della nuova città descritta dal profeta sorpassano largamente le misure della Gerusalemme palestinese; esse raggiungono le dimensioni di quella della Apocalisse: « Alzati, rivestiti di luce, perchè viene la tua luce, la gloria di Jahvé risplende sopra di te... Volgi intorno gli occhi e guarda: tutti costoro si sono radunati, vengono a te ... » (Is. 60, 14). « Poichè ecco io creo cieli nuovi e una nuova terra; non si ricorderà più il passato » (Is. 65, 17). I profeti di Israele sono come le vedette, che scrutano avidamente l'orizzonte dei tempi attenti a discernere da più lontano i segni del Dio che viene per il castigo o per la salvezza: « Sentinella, che ora è della notte? » (Is. 21, 11).

Sul piano generale, perciò, possiamo dire con C. Tresmontant [4] che, mentre per i Greci il divenire è « degradazione, scorrimento, dispersione,

---

[4] Essai sur la Pensée hébraïque, *Lectio Divina*, 12, ris, 1953, pp. 34 s.

caduta » e i tempi « invecchiano », per i profeti biblici, la storia è, al contrario, maturazione, gestazione. Essa porta la promessa della benedizione; ha in sè i segni della fecondità: « Pertanto il Signore stesso vi darà un segno. Ecco: la vergine concepirà e partorirà un figlio » (Is. 7, 14). « Un rampollo nascerà dal tronco di Jesse, un virgulto spunterà dalle sue radici » (Is. 11, 1). Quali che siano i problemi posti da questi testi di Isaia e la visione immediata, essi sono tipici. David non ha ricevuto invano dalla bocca del profeta Natan la promessa di una discendenza: « Jahvé ti farà una casa ... io farò sussistere dopo di te il seme che uscirà dalle tue viscere e ne renderò stabile il regno » (2 Sam. 7, 11 s.). L'esperienza davidica resterà nella prospettiva dei profeti segno dei tempi: « Ecco, verranno giorni — oracolo di Jahvé — nei quali susciterà a David un germoglio giusto » rivela Dio a Geremia (23, 5). Per Zaccaria la parola stessa « Germoglio » diviene segno dei tempi: « Ecco l'uomo che si chiama Germoglio, che farà germogliare là dove è » (Zacc. 6, 12; cfr. 3).

D'altra parte i segni dei tempi, nella letteratura profetica, non acquistano mai il carattere di una necessità o di un sistema, ma sono sempre i segni personali e imprevedibili dell'intervento gratuito dell'alleato divino, nella sua irrevocabile fedeltà all'alleanza. Portano sempre il suggello del Creatore, per il quale la storia è —secondo il detto di Tresmontant[5] — « una invenzione incessante ». La percezione dei segni presso i profeti è sempre compenetrata di rispetto e sottomissione per la sua sovrana libertà.

---

[5] *op. cit.* p. 37.

I segni dei tempi portano sempre il suggello dell'amore. Di fatto, per la Bibbia, la storia sacra è una storia di amore. A. Neher ha sottolineato giustamente il rapporto essenziale tra il simbolismo coniugale e la concezione biblica del tempo e della storia. Il tempo biblico è il tempo di un amore; i segni dei tempi sono i segni della molteplice venuta dell'amore divino, delle sue proposte all'uomo. Anche le profezie più terribili, portano il suggello di questo amore e, come ogni amore, esso è occasione di dramma. Alcuni profeti hanno vissuto tale dramma, come Osea, fin nella loro carne. Nella infedeltà di una sposa appassionatamente amata, Dio scopre al suo profeta un'immagine della storia del proprio amore e gli fa scoprire un segno dei tempi: Dio offeso nel suo amore per Israele si appresta a punire l'infedele, ma lo fa per la speranza di riprendere tale sposa e di « farla sposa per sempre... nella giustizia e nel giudizio, nell'amore e nella compassione,... nella fedeltà imperitura » (Os. 2, 21). Bisognerebbe evocare qui il poema del Cantico dei Cantici.

La tradizione più antica vi ha visto il simbolo bruciante dell'alleanza di amore tra Dio e il suo popolo; segno dei tempi, quindi, posto nella storia della salvezza, come questa strofa del Cantico: « Poichè, sì, l'inverno è passato, la pioggia è cessata, se ne è andata. Riappaiono i fiori sulla terra, il tempo del canto è venuto e la voce della tortora si ode nella nostra terra: il fico matura i primaticci e le viti in fiore mandano profumi. Vieni, dunque, mio amore, mia bella, vieni! » (Cant. 2, 11 s.). Questo linguaggio dell'amore si ritroverà effettivamente nel quarto vangelo sulle labbra dell'ultimo e del più grande dei profeti. Giovanni Battista se ne servirà per dire che la primavera della storia è venuta: che i tempi messianici sono arrivati: « Colui che ha la sposa è lo sposo, ma l'amico dello sposo che l'assiste e l'ascolta, è felice alla voce dello sposo. Questa è dunque la mia gioia, ed è giunta al colmo. Egli deve crescere, io diminuire » (Giov. 3, 29 s.).

Eccoci alle soglie del Nuovo Testamento. Ed allora sembra che un vasto movimento di speranza messianica abbia attraversato il Giudaismo. Ma tra tutti, Giovanni il Battista, istruito dalla parola di Dio (Lc. 3, 16), ha saputo discernere i segni dei tempi. Egli è stato l'uomo rischiarato dall'alto, il quale ha compreso che i tempi erano compiuti e che qualcosa era maturato e si appressava a sbocciare in Israele: Giovanni sa che Dio viene. I frammenti della sua predicazione che Matteo e Luca ci hanno conservati portano il contrassegno della sua intuizione profetica, col loro arcaismo e la loro violenza; egli vede sopraggiungere l'uragano del giudizio divino: « Già la scure è posta alla radice degli alberi; ogni albero, dunque, che non fa buon frutto si taglia e si getta nel fuoco... Colui che viene dopo di me è più potente di me... » (Mt. 3, 10 s.).

Già, tuttavia, nel segreto, un altro mondo ha cominciato a nascere, il cui stile sconcerterà presto lo stesso Battista. Occorreva tutta l'arte di S. Luca per evocare con proprietà di linguaggio, nei racconti dell'infanzia, questo stile nuovo dei tempi nuovi. I segni dei tempi sono rivelati agli umili, ai « pastori, i quali pernottavano alla campagna e vegliavano la notte a guardia del loro gregge » (Lc. 2, 8). Per riconoscere la nuova tappa della storia della salvezza, è dato loro questo segno: « troverete un bambino avvolto in fasce e deposto in una mangiatoia » (Lc. 2, 12). Piccolezza, povertà: ecco il segno del nuovo approssimarsi di Dio. Così si profila la nuova alleanza. Il vecchio Simeone completerà l'insegnamento: « Questo fanciullo è posto ... in segno di contraddizione » (Lc. 2, 34). La scena della sinagoga di Nazareth, all'inizio del ministero di Gesù, presso Luca (4, 16 s.), la risposta di Gesù agli ambasciatori del Battista in Matteo (11, 2 s.) e in Luca (7, 18-28) hanno lo stesso significato fondamentale: ecco i segni dei tempi: « I ciechi vedono, gli zoppi camminano, i lebbrosi sono mondati, i sordi odono, i morti risorgono, ai poveri è annunziata la buona novella ». Misericordia, perdono, semplicità, potenza divina al servizio degli infermi, dei piccoli, dei poveri: questo è lo stile nuovo, quale si trovava già descritto in Isaia, dell'incontro divino. Quelli sono i segni dei tempi. « Beato colui per il quale io non sarò occasione di scandalo ». I segni dei tempi nuovo hanno qualcosa per la saggezza umana che causa turbamento. Ci vorrà molto tempo prima che gli apostoli, Pietro e lo stesso Giovanni lo comprendano e ne scoprano la saggezza superiore.

E' il dramma del Vangelo. Non ci si aspettava affatto un Cristo con tali segni. I vangeli testimoniano dello smarrimento, delle esitazioni, delle incertezze, delle illusioni, anzi dell'accecamento totale di quelli che attorniavano il Cristo. Ricordiamo la domanda dei Farisei e dei Sadducei che gli chiedevano « un segno dal cielo » (Mt. 16, 1). In tal contesto Matteo inserisce queste parole: « quando si fa sera voi dite: 'Bel tempo', perchè il cielo è rosso; e al mattino: 'Oggi tempesta', perchè il cielo è rosso cupo. Così voi sapete bene interpretare l'aspetto del cielo, ma non siete capaci di interpretare i segni dei tempi! » (Mt. 16, 2 s.). E' noto il lamento di Cristo riportato da Luca. Gesù, prossimo alla fine della sua vita, piange su Gerusalemme. Egli annuncia la caduta della città santa. Ed ecco la ragione di tale rovina: « Ah! se avessi, in questo giorno, anche tu riconosciuto il messaggio di pace! Ma ormai è rimato nascosto ai tuoi occhi... Tu non hai riconosciuto il tempo in cui sei stata visitata » (Lc. 19, 41-44). Gerusalemme non ha riconosciuto i segni dei tempi. Israele non ha saputo discernere la venuta dell'evento di salvezza, cui tutta la storia lo preparava. C'è qui un mistero che assillerà S. Paolo (Rom. 9, 1 s.).

Giovanni lo ha posto al centro del suo vangelo. I contemporanei di Gesù sono rimasti ciechi ai segni che Egli ha compiuti sotto i loro occhi. Non li ha visti. Gesù lo dice ai Galilei, l'indomani della moltiplicazione dei pani, non hanno « visto i segni » (Giov. 6, 26): « voi mi vedete, ma non credete » (6, 36). Il quarto vangelo è tutto intero costruito su questa nozione di segni (20, 30 s.). Gli esegeti hanno certamente ragione di insistere sul carattere cristologico di questi segni, perchè manifestano la gloria di Gesù, la sua unità col Padre, la sua missione di Figlio di Dio. Tuttavia si tratti del vino di Cana « conservato sino ad ora » (2, 10), della guarigione del figlio dell'ufficiale regio o del paralitico in giorni di sabato, o del pane moltiplicato con sovrabbondanza, o del cieco che vede, o di Lazzaro resuscitato, tutti questi segni manifestano l'evento messianico del « giorno » di Gesù (8, 56) e annunciano la sua « ora » (2, 4). Sono i segni della nuova Pasqua e della nuova alleanza, i segni del dono fatto agli uomini della luce, della gioia, della gloria stessa del Figlio di Dio, venuto ad « abitare in mezzo a noi » (1, 14; 17, 22). Tuttavia, all'inizio della passione, il racconto di S. Giovanni si conclude in questa amara constatazione: « Benchè

Gesù avesse operato in loro preenza tanti prodigi, non credevano in Lui » (12, 37). I loro occhi sono rimasti chiusi ai segni dei tempi. « Egli era nel mondo ... e il mondo non lo ha conosciuto » (1, 10).

E' questo un fatto di capitale importanza. L'uomo può passare accanto ai segni che gli vengono indirizzati; non vedere ciò che si svolge sotto i suoi occhi, non cogliere nulla dell'appressarsi di Dio; più ancora può rifiutarsi di accogliere i segni dei tempi e peccare contro lo Spirito Santo attribuendoli al demonio (Mt. 12, 32).

I vangeli sinottici mettono anche in guardia contro un'attitudine di vana curiosità riguardo i segni dei tempi. Gesù ha appena annunciato la distruzione del Tempio. « Quando si fu seduto sul molte degli Ulivi, dirimpetto al tempio, Pietro, Giacomo, Giovanni e Adrea lo interrogarono in disparte: ' Dicci quando questo avverrà e quale sarà il segno che tutto questo si compirà? ' » (Mc. 13, 3). In risposta a tale domanda, Gesù svela allora ai suoi discepoli i segni dei tempi escatologici; ma annuncia loro soprattutto tribolazioni, sofferenze, tribunali, odio da parte degli uomini. La letteratura apocalittica fiorente allora nel giudaismo lusingava questa curiosità, che spinge l'uomo a sondare il mistero dell'avvenire. Nulla di ciò da parte di Gesù. Il suo insegnamento sui segni degli ultimi tempi è soprattutto un appello alla fede, alla perseveranza eroica, alla vigilanza. « Quanto poi a quel giorno o a quell'ora, nessuno sa nulla, neanche gli angeli, nè il Figlio solo il Padre » (Mc. 13, 32).

Il segno dell'avvento dei tempi nuovi, per Gesù, sarà prima di tutto la carità. I vangeli sono concordi su questo punto. Così Matteo, nella descrizione del giudizio finale (25, 31-46), come Giovanni del discorso dopo l'ultima cena: « Vi do un comandamento nuovo: di amarvi gli uni gli altri; come Io ho amato voi, così voi amatevi gli uni gli altri. Da questo riconosceranno tutti che siete miei discepoli; se avrete amore gli uni per gli altri » (Giov. 13, 34 s.).

Mancherebbe un tratto essenziale alla dottrina evangelica dei segni dei tempi, se non facessimo menzione del segno escatologico del pane e del calice eucaristico. Nel Vecchio Testamento, l'abbiamo visto, Dio aveva disposto i segni delle sue successive alleanze: l'arcobaleno, segno della sua alleanza coi viventi; la circoncisione, segno della sua alleanza con Abramo e i suoi discendenti; la Pasqua, la Legge, il Tabernacolo, segni dell'alleanza con Israele. Sono altrettanti segni progressivi dei diversi tempi dell'alleanza. Il segno dell'alleanza perfetta degli ultimi tempi della storia della salvezza, « è il mio corpo che verrà dato per voi »; è « questo calice, nuova alleanza nel mio sangue, che sarà sparso per voi » (Lc. 22, 19 s.). L'eucarestia resterà — come dice il P. Ligier [6] — « per ogni generazione, il memoriale di ciò che fu per essa la Economia del Figlio di Dio incarnato e crocifisso. Più ancora: poichè Cristo e la sua redenzione sono sacramentalmente identificati nel rito, occorre dire che per ogni generazione il memoriale eucaristico è la propria Pasqua, il Signore che passa per liberarla »: segno degli ultimi tempi per i cristiani; sacramento della presenza e dell'amore attivo del Signore, « fino a che Egli venga ».

La Pentecoste apre questa ultima tappa, quella in cui viviamo: quella del Sacramento e dello

---

[6] L. Ligier: *De la Cène de Jésus à l'Anaphore de l'Eglise,* La Maison-Dieu, p. 25.

Spirito Santo. La Pentecoste si presenta come esplosione. Nella invasione da parte della potenza dello Spirito della prima comunità cristiana, la folla non vede che deliri di gente ubriaca. S. Pietro scopre loro i segni degli ultimi giorni annunciati dal profeta Gioele: « Sui miei servi e sulle mie ancelle in quei tempi effonderò il mio Spirito ed essi saranno profeti. E Io farò prodigi nel firmamento e segni sulla terra » (Atti 2, 18 s.). Lo Spirito Santo si diffonde sulla Chiesa come un'onda che sale. Egli le comunica questa fede, questa carità fraterna, questo fervore, questa gioia, che fanno della comunità stessa il segno degli ultimi tempi. Perciò S. Luca scrive: « essi godevano la simpatia di tutta la gente » (Atti 2, 47).

Il segno dei tempi sarà d'ora in poi la Chiesa di Cristo, animata dal suo Spirito. Il segno dei tempi sarà la Grazia che agisce nel cuore dei pagani e lo apre alla Parola, che ora percorre l'universo. Il segno dei tempi è il fariseo Saulo, il convertito che con tutta la sua foga trascinerà la Chiesa sempre più avanti incontro a questi pagani. Il racconto, negli Atti, del Concilio di Gerusalemme ne dà testimonianza con una specie di candore. Gli apostoli tardano ancora a marciare dietro a Paolo al passo dello Spirito. Esitano ad arrendersi al segno dei tempi nuovi, che, secondo essi, abbatte tante barriere. Ma davanti alla evidenza dei fatti, Giacomo stesso lealmente si inchina e abbraccia il parere di Pietro: « Dio stesso, che legge nei cuori, si è dichiarato in favore (dei pagani) col dar loro lo Spirito Santo nè più nè meno che a noi ... mentre purificava con la fede le loro anime » (Atti 15, 8). Coll'effusione dello Spirito, annunciata dagli antichi profeti, quelle di Gioele e di Ezechiele, si è entrati in un'èra nuova. L'interesse profondo del libro degli Atti risiede nella scoperta attonita delle audacie dello Spirito, nei segni innegabili che Egli dà del suo agire.

L'idea che colla resurrezione di Cristo è cominciata un'èra nuova, una creazione nuova, un « adesso » i cui segni rischiarano il mondo di una luce che eclissa la gloria del Sinai e del giorno stesso della prima creazione (2 Cor. 3, 6-13; 4, 6), è una delle idee madri della teologia di S. Paolo. Questa teologia non è un puro sistema di idee, una costruzione nell'astratto; è una teologia dell'intervento storico di Dio in Gesù Cristo; non temerei di dire che essa è una riflessione sui segni dei tempi. Su questi segni dei tempi, Paolo non ha che da aprire gli occhi per vederli: la sua conversione stessa, la sua chiamata all'apostolato verso i pagani, la potenza della sua parola per convertire gli spiriti e i cuori a dispetto di tanta debolezza (1 Cor. 2, 1-5), la nascita delle Chiese sotto i suoi passi, il fiorire delle virtù cristiane dei doni dello Spirito, che gli ispirano all'indirizzo dei Corinti queste frasi: « La nostra lettera di raccomandazione siete voi ... poichè è evidente che siete una lettera di Cristo, redatta da noi suoi ministri e scritta non già con inchiostro, bensì con lo Spirito del Dio vivo ... » (2 Cor. 3, 2 s.). Certo Paolo sa meglio di ogni altro che la sua comunione coi « notabili » — Pietro, Giacomo, Giovanni — è la garanzia fondamentale che non ha « corso invano » (Gal. 2, 2). Detto ciò, egli non esita ad appoggiarsi sui segni visibili dell'azione dello Spirito, non solo per guidare se stesso nel proprio ministero, ma per rischiarare le anime e per approfondire il proprio pensiero.

Un esempio lampante si trova nel caso delle

Chiese di Galazia. Che cosa oppone Paolo a queste comunità sedotte da predicatori giudaizzanti e tentate da queste ad assoggettarsi alla legge mosaica? I segni dei tempi. Senza la Legge giudaica, che essi non conoscevano, i Galati hanno fatto un'esperienza spirituale incomparabile: sono stati gratificati dello Spirito e Dio non cessa di prodigare loro i suoi doni. Di che altro vanno in cerca? Non ha forse Dio abbastanza chiaramente manifestato la sua volontà di salvare i pagani senza la Legge? La Legge di Mosè non era che una tappa nella storia della salvezza: il segno di un tempo ora passato. La storia, con Cristo, ha varcato un gradino decisivo. Noi siamo in Lui pervenuti alla « pienezza dei tempi » (Gal. 4, 4), cioè « ai tempi messianici o escatologici, che danno compimento alla lunga attesa dei secoli, come una misura finalmente piena », come spiega P. Lyonnet [7]. Il segno di questa pienezza dei tempi, è la effusione dello Spirito, di cui i Galati hanno beneficiato. In essi lo Spirito del Figlio grida: « Abba, Padre! », testimoniando nel loro cuore che l'umanità ha raggiunto, spiritualmente l'età adulta, grazie all'invio che Dio le ha fatto di suo Figlio. Volendo asservirsi alla Legge, i Galati mostrano di non aver compreso il senso della Grazia che hanno ricevuta; essi non hanno saputo discernere uno dei segni dei tempi. Nel momento stesso in cui lo Spirito Santo con la sua venuta liberatrice significa loro, che scioglie tutte le facoltà interiori nella libertà dell'amore, essi vogliono assoggettarsi agli « elementi del mondo » cioè a quelle potenze astrali, che le religioni cosmiche credevano regolare il

---

[7] Cf. *La Sainte Bible*. Les Epîtres de Saint Paul aux Galats, aux Romains[2], Paris, 1959, p. 34, note d.

corso dei tempi. Per il fatto della venuta di Cristo, dunque la religione mosaica è ormai assimilabile ad esse agli occhi dell'apostolo. Essi sono fermi ai segni di un'altra epoca; sono in ritardo sui segni dei tempi.

Questo è, a grandi linee, l'affresco biblico dei segni dei tempi. Nel momento in cui la Chiesa del ventesimo secolo prende una coscienza acuta dell'importanza vitale che hanno per essa i segni dei tempi e si interroga su ciò che sono oggi per essa; nel momento in cui ogni cristiano si pone, nella sua coscienza di battezzato, in unione con la Chiesa, tale questione, è bene averla sotto gli occhi. Attraverso la Bibbia sappiamo con quali segni Dio abbia investito della sua presenza e della sua azione la storia durante il corso dei secoli. Noi sappiamo che un passo decisivo e irreversibile è stato compiuto con la venuta del Figlio di Dio incarnato, morto e resuscitato nella carne. Sappiamo che siamo all'ultima tappa di questa storia prima della « consumazione del mistero di Dio » (Apoc. 10, 7). Questa tappa ultima è quella della marea ascendente dello Spirito. La lettura della Bibbia ci premette di sapere come lo Spirito agisce, a quale profondità, con quale ritmo: ora come una forza esplosiva, che « abbatte le fortezze » (2 Cor. 10, 4), ora con lenta progressione; sempre sotto il segno della pace, della purezza e dell'amore (Gal. 5, 22). La Sacra Scrittura ci mostra l'unica direzione in cui dobbiamo cercare i segni dei tempi. Lo Spirito Santo non ha che uno scopo: glorificare Gesù Cristo Cristo (Giov. 16, 14), edificare il suo corpo, la Chiesa, come una « dimora di Dio » (Ef. 2, 22), realizzare, nella pienezza dei tempi, il progetto del Padre che è di « ricondurre tutte le cose sotto un solo capo, Cristo, gli esseri celesti come i terrestri » (Ef. 1, 10).

Tuttavia al cristiano desideroso di partecipare al disegno di Dio si pone necessariamente una questione. Questi segni dei tempi, Dio li limita solo al suo popolo? Non produce segni che tra i cristiani? La storia profana è priva di segni divini? e la immensa moltitudine delle « Nazioni » non è forse per la Scrittura la massa informe di « coloro che giacciono nelle tenebre e nell'ombra della morte » (Luc. 1, 79)? Il problema ha la sua importanza.

Bisogna riconoscere che l'Antico Testamento, centrato su Israele, ordinariamente non arresta il suo sguardo sulle « Nazioni » che per comprendere la storia del popolo di Dio, e per lo più in contrasto con l'oscuro destino dei popoli pagani. Tuttavia la prospettiva di una storia universale della salvezza si delinea ampiamente fin dall'Antico Testamento. Se Israele è il « figlio primogenito » (Es. 4, 22), gli altri popoli non sono esclusi. « Il disegno di Dio tende a rendere partecipi della benedizione e quindi della salvezza tutti i popoli della terra » [8].

Non è qui il caso di trattare e di seguire in modo particolareggiato tutti gli indizi di questo universalismo biblico. E' sufficiente qualche indicazione per stabilire che Dio, nella Bibbia, diede alle « Nazioni » un segno, disponendo pure per esse dei « segni dei tempi ».

Come abbiamo visto precedentemente, per l'autore sacerdotale l'alleanza con Noè, espressa con il segno dell'arcobaleno, è un'alleanza con tutta

---

[8] A. Rétif e P. Lamarche, *Le salut des Nations, Universalisme et perspectives missionnaires dans l'A.T.*, Evangile, 33 (1959) p. 6.

l'umanità; la tradizione jahvistica, più antica, non è mano universale nella sua visione. Per essa, la benedizione promessa ad Abramo è destinata a « tutte le nazioni della terra » (Gen. 12, 3). Oltre Israele, beneficiario della Legge divina, il Deuteronomio vede profilarsi « i popoli ». Questa Legge sarà per essi motivo di meraviglia, un segno di Dio, e grideranno: « Non v'è che un popolo saggio e assennato, è questa grande nazione! » (Deut. 4, 6).

Nei Profeti, ritorna spesso l'idea che Dio si serve del dominio pagano come strumento per correggere e salvare Israele. Tuttavia alcuni vanno ancor più lontano. Nella grazia della liberazione concessa da Dio al suo popolo al termine dell'esilio il « profeta della consolazione » scopre un segno per tutte le Nazioni »: « La gloria di Dio si rivelerà ed ogni carne la vedrà » (Is. 40, 5). « Le isole ed i confini della terra (Is. 41, 5) si commuovono. La missione del misterioso Servo di Jahvé attira l'attenzione dell'Universo: « Le isole aspettano i suoi insegnamenti » (Is. 42, 4). Egli è « la luce delle genti » (Is. 49, 6). Anzi un avvenimento profano, il regno di Ciro, re dei Persiani, viene inserito nella storia della salvezza; Dio chiama Ciro il suo « Unto » (Is. 45, 1): egli l'ha « suscitato dal Settentrione perchè egli venga; da Levante l'ha chiamato con il suo nome » (Is. 41, 25).

L'ultimo oracolo del libro di Isaia apre le grandi porte del popolo di Dio e del Tempio stesso ai popoli pagani. Essi si troveranno a casa loro: « Io, io vengo per adunare le nazioni di ogni lingua. Esse verranno e vedranno la mia gloria, ed io darò loro un segno ... Ed anche fra essi mi prenderò dei sacerdoti e dei leviti, dice Jahvé » (Is. 66, 18-21).

Lo stesso salterio rileva più d'una volta i segni che preannunciano il Regno universale di Dio. Il salmo 87 prevede che i popoli pagani riceveranno la cittadinanza di Sion. « E di Sion ciascuno dirà: 'Madre!' perchè in essa ognuno è nato » (Salmo 87, 5). Questi sono alcuni esempi sufficienti a dimostrare che l'Antico Testamento avvertì l'azione di Dio nel più profondo del mondo pagano. Dio lavora; egli produce un segno in mezzo alle « Nazioni ». Ed è proprio nel Nuovo Testamento che nasce la luce decisiva. S. Luca, più di tutti gli evangelisti, è stato sensibile a questo aspetto che lo toccava più personalmente. All'inizio del suo vangelo, il canto del vecchio Simeone glorifica in Gesù bambino la « salvezza preparata (da Dio) per tutti i popoli » e « la luce a rischiarar le genti » (Luc. 2, 30-32). Gli Atti degli Apostoli, in diversi punti, rivelano le tracce dell'azione di Dio nel mondo pagano. Lo testimonia la confessione di Pietro: « In verità io constato che Dio non fa distinzione di persone, ma che in ogni nazione chi lo teme e opera la giustizia è accetto a Lui » (Atti 10, 34s.). Paolo usa un linguaggio analogo quando parla a Listri e ad Atene: « Nelle trascorse generazioni (Dio) permise che ogni popolo camminasse per la sua strada; tuttavia non lasciò di dare testimonianza di sè attraverso i suoi benefici » (Atti 14, 16s.). La Divinità ... non è lontana da ciascuno di noi » (Atti 17, 27).

C'è di più, gli avvenimenti stessi della storia profana vengono integrati nella realizzazione del disegno di Dio. S. Luca ci tiene ad inserire nel suo vangelo, con precisi riferimenti, nel corso di questa storia, la venuta di Cristo in questo mondo (Luc. 3, 1). « Un editto di Cesare Augusto che ordinava il censimento di tutto l'impero », eseguito dal « governatore della Siria, Quirinio », fu l'occasione del « segno » del neonato avvolto in fasce che giace in una mangiatoia » (Luc. 2, 1s.; 12), il quale dischiude e annuncia i tempi nuovi.

L'impero romano ha dato a Paolo il quadro provvidenziale del suo mestiere di evangelizzazione: ed infatti l'Apostolo se ne mostra sempre rispettoso. L'autorità civile per lui è « uno strumento di Dio per ... condurre al bene » (Rom. 13, 4ss.). « State sottomessi — dice Pietro da parte sua — ad ogni umana istituzione per amore del Signore ... » (Piet. 2, 13s.). Paolo è attento ed aperto a « tutto ciò che c'è di vero, di giusto, di puro, d'amabile, d'onorabile, (a) tutto ciò che può esserci di buono nella virtù e nella lode umane » (Fil. 4, 8). Nella coscienza dei pagani « privi della Legge », egli scopre la realtà di una « legge scritta nel loro cuore ... » (Rom. 2, 14ss.). Il mondo è pieno di segni della presenza attiva di Dio. Anzi dopo la folgorazione sulla via di Damasco, Paolo ha compreso — come abbiamo già detto — che la Resurrezione di Cristo ha portato un principio nuovo: l'universo è rimescolato nella sua più profonda intimità. Esso s'incammina verso « i nuovi cieli » e « la nuova terra » profetizzati da Isaia (66, 17). Per Paolo l'universo è in gestazione: « Fino ad ora tutto intero il creato insieme geme e soffre le doglie del parto » (Rom. 8, 22), ed ha « la speranza d'essere liberato dalla sciavitù della corruzione per partecipare alla gloriosa libertà dei figli di Dio » (Rom. 8, 21).

Questo è il quadro offerto dalla Bibbia alla nostra attenta riflessione in merito ai « segni dei tempi » visti nella prospettiva della storia universale. Dio lavora nell'intera umanità e nell'universo stesso a realizzare il suo piano di salvezza: per sua opera vi si costruisce una storia sacra. Senza dubbio dobbiamo guardarci con cura dal confonderla con la storia profana. Ma distinguerle non significa separarle: esse camminano spalla a spalla. E' nella logica dell'universalismo biblico imperniato sulla sintesi di ogni cosa in Gesù Cristo e sull'effusione universale del suo Spirito, che dal più profondo della storia profana salgono e s'impongono all'attenzione del cristiano dei segni, i quali sono insieme appelli e testimonianze dell'azione di Dio tra le « Nazioni ».

Tutto ciò conduce a radunare gli uomini in un dialogo fraterno, che li spinge al di sopra delle loro divisioni; tutto ciò che li rende attenti alla sofferenza dei loro fratelli in spirito di sacrificio; tutto ciò che esprime la speranza di una salvezza che sia veramente redenzione, innocenza ritrovata, pace riposta nei cuori; tutto ciò che eleva l'uomo nella coscienza della sua vocazione e della sua sovrumana dignità; tutto questo porta il segno dell'opera divina, il suggello del suo Spirito ed è autentico segno dei tempi, secondo la Bibbia. Tutto ciò che raggela l'uomo. che indurisce, che lo separa dai suoi fratelli, che lo « gonfia » (1 Cor. 8, 1), che lo stabilisce nella sua sofferenza, porta il segno dei « principi di questo mondo votati alla distruzione » (1 Cor. 2, 6).

Se ci mettiamo in questa prospettiva, allora è permesso di affermare col Concilio che anche nella nostra epoca — e forse più che in altre — Dio fa un suo segno; oggi come ieri, è il segno del suo amore, che chiama l'umanità a vivere mediante il suo Figlio in alleanza con lui. Si degni il Signore di non doverci dire, come dovette farlo alle folle di Galilea: « Ipocriti, sapete discernere l'aspetto del cielo e della terra, e come non discernete questo tempo? » (Lc. 12, 56).

I SEGNI DEI TEMPI E LA RISPOSTA DEI LAVORATORI CRISTIANI

Livio Labor

« Tre fenomeni caratterizzano l'epoca moderna — secondo il profeta di Dio, Giovanni XXIII — anzitutto l'ascesa economica delle classi lavoratrici. Nelle prime fasi del loro movimento di ascesa i lavoratori concentravano la loro azione nel rivendicare i diritti a contenuto soprattutto economico-sociale; la estendevano quindi ai diritti di natura politica; e infine al diritto di partecipare in forme e gradi adeguati ai beni della cultura. Ed oggi, in tutte le comunità nazionali, nei lavoratori è vividamente operante la esigenza di essere considerati e trattati non mai come esseri privi di intelligenza e di libertà, in balìa dell'altrui arbitrio, ma sempre come soggetti o persone in tutti i settori della convivenza, e cioè nei settori economico-sociali, in quelli della cultura e in quelli della vita pubblica » (Pacem in terris n. 21).

Anche per il Concilio Vaticano II l'autonomia dei valori temporali e di quanti assumono la responsabilità di operarvi, all'interno, delle scelte è uno dei fondamentali insegnamenti. Non si tratta di battezzare o di etichettare il mondo ma di vivere con pienezza umana la sua realtà, facendo bene il nostro mestiere di laici in libertà, con coraggio, con grande fierezza e dignità umana soprattutto con concreta testimonianza di solidarietà.

L'animazione cristiana delle realtà temporali è essenziale caratteristica dell'apostolato dei laici; anche nella « Populorum Progressio » sentiamo un appello a questo atteggiamento del laicato: « Noi scongiuriamo innanzi tutto tutti i nostri figli. Nei paesi in via di sviluppo non meno che altrove, i laici devono assumere come loro compito specifico il rinnovamento dell'ordine temporale. Se il ruolo della gerarchia è di insegnare e di interpretare in modo autentico i principi morali da seguire in questo campo, spetta a loro, attraverso la loro libera iniziativa e senza attendere passivamente consegne o direttive, di penetrare di spirito cristiano la mentalità e i costumi, le leggi e le strutture della loro comunità di vita. Sono necessari dei cambiamenti indispensabili, delle riforme profonde: essi devono impegnarsi risolutamente a infonder loro il soffio dello spirito evangelico » (81). Non si tratta quindi di un arbitrio ma di un dovere: i movimenti dei lavoratori cristiani più consapevoli si muovono in questa logica e si sforzano con tutta la loro azione di dare una risposta ai segni dei tempi, proprio perchè si impegnano a fondo nel compito di animazione cristiana delle realtà temporali in cui si svolge la loro opera e con le quali vengono a contatto.

Perciò, è particolarmente attuale l'azione dei lavoratori cristiani, dedicata alla promozione umana e sociale della classe lavoratrice e alla sua più incisiva partecipazione alla vita della società democratica; e questo costituisce il terreno autonomo e opinabile della loro attività; lo spazio nel quale, in virtù della loro autonomia, i lavoratori cristiani ogni giorno rischiano nella formulazione delle proposte e nella condotta della loro azione.

E' evidente che l'unità sindacale autonoma di cui parliamo non è un dogma della Chiesa, ma solo una scelta storica concreta, alla quale si perviene mediante uno sforzo di interpretazione di alcune linee di tendenza che si rinvengono nella attuale fase di sviluppo della società italiana. Sarebbe un errore contestare tale scelta solo in nome di valori religiosi, così come sarebbe un errore pretendere di avallarla con motivazioni diverse da quelle tecnico-politico-sindacali.

Ci sono, insomma, nel nostro impegno di fronte ai segni dei tempi ed alle proposte da dare alcuni valori perenni permanenti, ma c'è anche il dovere di offrire proposte di soluzione ai molteplici problemi e di scoprire metodi di partecipazione umana dei singoli e dei gruppi sempre nuovi di fronte alle situazioni nuove: proposte e metodi che vanno ricercati, inventati, e sperimentati perchè non sono rivelati.

E' importante cogliere questo dovere dell'iniziativa di fronte alla scientificità o meno delle proposte, delle risposte dei cristiani ai segni dei tempi; in altri termini un movimento sociale di lavoratori cristiani con le elaborazioni culturali sui temi dello sviluppo civile del paese non compromette, nè cerca di strumentalizzare la Chiesa. Le sue posizioni maturate nella ricerca, nello studio e nel dibattito democratico assumono valore nella misura in cui hanno contenuti di verità storica, di attendibilità, di aderenza alle situazioni che affrontano. Come esplicitazione delle risposte dei lavoratori cristiani nei confronti della realtà italiana conviene concentrare il discorso su tre filoni essenziali:

— il potere economico
— la realtà politica italiana
— il loro ruolo nella società italiana.

Sul potere economico si svolse un convegno di studio a Vallombrosa. Queste le conclusioni cui pervenimmo:

a) l'analisi marxista ortodossa ci appare arretrata ed insufficiente, anche se è vero che il potere delle concentrazioni economiche continua a pesare fortemente in modo diretto ed indiretto sulla società civile e sulle scelte politiche della società italiana. Chi volesse conoscere meglio e approfondire le motivazioni di questo giudizio può consultare gli atti del convegno.

b) il potere economico, anche nella società italiana di oggi, perde sempre più chiaramente il suo significato di privilegio derivato da un certo tipo di assetto proprietario e acquista, invece, una titolarità e una giustificazione legale allo assetto funzionale della vita economica del Paese. Mi spiego: il lavoro umano sviluppa sempre di più la personalità di ciascuno e l'uomo conta per la sua funzione gerarchica, per il ruolo che assolve nella società molto più che per la proprietà che ha ereditato: è la funzione che dà il potere.

c) il potere politico anche se non arriva oggi a condizionare, in modo decisivo, quello economico, possiede una sua autonomia e diventa, a sua volta creatore di potere economico; il potere politico crea o aumenta enormi responsabilità della condotta dell'economia di un paese. Si pensi che il 70% dell'economia italiana è controllata dallo stato: dalle ferrovie alle linee aeree, alle poste, alle autostrade; si pensi all'enorme partecipazione statale nell'economia italiana e si scoprirà così un filone che ci aiuta a comprendere come sia un errore considerare il potere economico frutto di ataviche ereditarie proprietà. La grande maggioranza dei « menagers », degli organizzatori del lavoro dell'I.R.I., dell'E.N.I. e dell'E.N.E.L. non derivano il loro potere dalla proprietà personali dei mezzi di produzione; è il lavoro umano che crea il potere economico dell'uomo.

Il potere economico è, dunque, una realtà molto complessa, articolata a vari livelli: lo stato, l'impresa (di cui ha scritto Bassetti), le associazioni dei lavoratori, le quali sul piano sindacale, attualmente, governano circa il 60% del reddito attraverso la politica salariale. A tutti e tre i livelli — stato, impresa, associazioni profesionali — il potere economico non solo è una realtà complessa e articolata con modalità interdipendenti (l'impresa sui sindacati, l'impresa sullo stato, lo stato sull'impresa e così via), ma anche ai livelli più alti dello stato permane una larga incidenza del potere economico su quello politico chiamato a decidere sui grandi aggregati economici: cioè della politica monetaria, della politica della spesa pubblica, degli investimenti in merito alle scelte prioritarie, investimenti sociali che interessano l'uomo, la famiglia, lo sviluppo civile.

L'impresa conserva tutta la sua importanza di mantenimento genetico fondamentale del potere economico degli imprenditori e le estensioni, che si svolgono nella impresa — le estensioni sociali — sono alla radice della rappresentatività della organizzazione operaia. Non la proprietà, ma l'impegno associazionistico (quella che in gergo viene chiamata la lotta per la dignità e per i più alti gradi di partecipazione a tutti i livelli) dà rappresentatività ai lavoratori. E' una affermazione che ritengo sufficientemente chiara: non è la proprietà dei mezzi di produzione che dà rappresentatività e forza politica ed economica anche alle organizzazioni dei lavoratori, ma è la volontà di impegnarsi — associati — per la propria dignità e per più alti livelli di partecipazione.

Si accentua sempre più la distinzione tra il conflitto sociale ed il conflitto politico, ovviamente proprio per la crescita di rappresentatività e di forza da parte della organizzazione dei lavoratori. Le tensioni di conflitto e la dialettica delle parti sociali diventano, perciò, un fatto fisiologico positivo del sistema industriale, sono la radice del dialogo permanente tra stato, imprenditori, lavoratori; le tensioni sociali sono la radice di sempre nuovi equilibri, come affermò Bassetti al Convegno di Vallombrosa.

Inoltre constatiamo che i lavoratori rifuggono da una prospettiva di integrazione nel sistema aziendale e si rifiutano di assumere rischi e responsabilità imprenditoriali, proprie della responsabilità e del rischio dell'imprenditore: non significa che i lavoratori rifiutino o debbano rifiutare la loro parte di imprenditorialità responsabile, sempre più esigita dallo sviluppo tecnologico e dallo sviluppo della automazione dove un errore di controllo su una macchina può portare a conseguenze incalcolabili per l'economia di un paese. Si pensi a quanto è avvenuto con la capsula « Apollo ».

Da queste conclusioni abbiamo tratto tre fondamentali indicazioni, o meglio, condizioni per il potere economico, per il potere sociale e per l'ascesa umana dei lavoratori:

— l'unità sindacale autonoma

— la partecipazione al processo di pianificazione democratica

— l'azione politica, la presenza politica dei lavoratori.

L'unità sindacale

L'unità sindacale autonoma dei lavoratori è un problema, non solo sindacale, ma problema che condiziona le possibilità di fiducia da parte dei lavoratori, la loro effettiva partecipazione all'attuale sviluppo dell'economia nazionale e la strategia della adesione da parte delle masse popolari ad una democrazia moderna.

Sono in atto processi di concentrazione delle imprese in organismi di sempre maggiori dimensioni, stimolati anche da esigenze di competitività internazionale; questo fenomeno si riscontra non solo in Italia, ma sul piano europeo e mondiale. Il grande capitale finanziario è sempre più accentrato, sempre più determinato a livelli e con motivazioni di ordine soprannazionale: per esempio, l'esigenza della ricerca scientifica, cui ormai le singole nazioni da sole e le singole imprese a livello nazionale sono del tutto inadeguate; la spinta per una sempre più rapida trasformazione tecnologica e per la ristrutturazione aziendale determina poi una crescente difficoltà di adeguamento della previsione e del controllo contrattuale, se vengono condotti solo a livello aziendale. Sono constatazioni che evidentemente stanno a monte del discorso sull'unità sindacale.

Altra constatazione: una sempre più marcata tendenza all'unità di fatto dei lavoratori e delle loro organizzazioni. In una recente visita a Torino, Treviso, Brescia, Rovigo, Forlì — zone tutte diverse nella loro morfologia di sviluppo industriale — abbiamo constatato che si realizza questa unità di fatto in modo incontrollato, non canalizzata da alcuno.

C'è da chiedersi verso quali obiettivi, verso quale tipo di società questa unità di fatto si realizzi; nessuno lo sa. C'è da chiedersi se effettivamente questa unità susciti o meno una maggiore partecipazione dei lavoratori alla vita del sindacato; la risposta finora è negativa: non maggiore partecipazione alla vita del sindacato, solo maggiore partecipazione agli scioperi, ai momenti di lotta sindacale! E c'è da chiedersi se l'unità di fatto possa essere un'espressione di autentici valori di dignità umana, di solidarietà umana, se non venga finalizzata a proposte ed a metodi di partecipazione che vanno al di là dell'unità stessa, al di là dei fini stessi del sindacato. L'evoluzione della struttura economico-sociale renderà sempre più difficile ai sindacati, divisi ed in continua reciproca tensione concorrenziale, la possibilità di garantire una adeguata tutela del mondo del lavoro ed, ancor più, renderà difficile la possibilità di svolgere un ruolo rappresentativo responsabile nella società, per il superamento dei tradizionali squilibri e per stimolare una più diffusa reale partecipazione democratica.

Se vogliamo esprimerci in termini concreti, di cronaca quotidiana, basterà leggere sui giornali che il sindacato autonomo dei macchinisti delle ferrovie dello stato ferma le ferrovie italiane; le tre grandi confederazioni non partecipano. Può un piccolo sindaato autonomo con una sua decisione fermare l'economia di un paese?

Se, poi, vogliamo esprimerci in termini più generali ricordiamo che i lavoratori cristiani furono assai criticati, quando nel 1965 si rifiutarono di accettare, come un dogma, che la linea della efficienza della competitività e degli investimenti produttivi, indicata dal CNEL, fosse in grado di assicurare maggiore occupazione ed amore ad un regime democratico in cui viene garantita la libertà elementare di lavorare: noi contestavamo l'automaticità della possibilità di raggiungere su queste vie la piena occupazione. Il 3 aprile 1967, due anni dopo, il Ministro del Bilancio e della Programmazione convocò tutti i sindacati per impegnarli nella lotta contro la disoccupazione ed a dare una risposta a questo problema (ad esempio delle giovani leve, del lavoro minorile).

La conferenza triangolare del 1967 — attraverso incarichi dati a gruppi di lavoro sindacali, intersindacali (di tutti i sindacati dei lavoratori e di tutti i sindacati dei datori di lavoro) e attraverso gruppi di lavoro riguardante la formazione professionale, l'emigrazione, la occupazione — pose in notevole risalto l'importanza e l'attualità di questo grave problema. Se vogliamo renderci conto come i sindacati divisi non possano pesare, immaginiamo le risposte delle tre grandi confederazioni — C.I.S.L., U.I.L., C.G.I.L. — sui problemi della formazione professionale, dell'occupazione, dell'emigrazione (su due milioni e mezzo di lavoratori italiani a livello europeo, oltre centomila disoccupati). Quali saranno le conseguenze, se le tre confederazioni non riusciranno ad elaborare una linea unitaria ben al di là delle ideologie dei partiti, cui in singoli leaders fanno capo? Se vogliamo ancora comprendere la drammaticità della impotenza dei sindacati « a rovescio » — quando non hanno una linea unitaria — guardiamo l'atteggiamento della DIRSTAT che non accetta proposte fatte, indubbiamente, in una linea responsabile di sviluppo del Paese. C'è, dunque, una necessità di modernizzazione dei cervelli e necessità anche di andare oltre un certo ritualismo, una certa misteriosofia sindacale, chiusa e riservata quasi che i problemi del sindacato interessino solo i sindacalisti, non abbiano conseguenza immediata sulla società intera, sullo stato, sugli imprenditori, su tutti i cittadini, su tutti i lavoratori; come se le tre confederazioni principali dei lavoratori raccogliessero l'adesione della enorme maggioranza dei lavoratori italiani.

Da questo quadro emerge la validità del discorso sulla unità sindacale, al quale si collega quello della autonomia del sindacato nei confronti dei partiti politici, oltre che al governo e dei datori di lavoro. Fu da un congresso straordinario delle Associazioni Cristiane dei Lavoratori Italiani del 1948 che uscì la linea di un sindacato — la L.C.G.I.L. (divenuta, poi, con la fusione della F.I.L., la C.I.S.L.) — impegnato a realizzare un nuovo tipo di unità dei lavoratori, non fabbricata dai partiti del Comitato di Liberazione Nazionale, ma realizzata veramente nell'incontro democratico che unisce i lavoratori in nome di certi valori.

Ed è per questo che il 1 maggio 1964 — nella conferenza stampa annuale — ritenemmo di aiutare a riscoprire la validità di questa linea di tendenza propria, tipica di tutte le società industriali moderne: la linea di tendenza verso un'unità sindacale autonoma dei lavoratori. Si riafferma così l'importanza non solo di una distinzione di piani tra sindacato e partito, di una netta autonomia del sindacato rispetto al partito, ma anche l'importanza di un sistema di incompatibilità tra le cariche sindacali e le cariche partitiche, tra le cariche sindacali con il mandato parlamentare, ritenendo questa incompatibilità condizione necessaria, anche se non sufficiente, (necessaria ma certo non sufficiente) per la realizzazione della autonomia del sindacato.

Persino la C.G.I.L. ha, oggi, accettato il tema della incompatibilità; la C.G.I.L., contrariamente a quanto si pensa, non è composta da comunisti; essa ha oltre tre milioni di iscritti, quando il partito comunista recentemente a Bologna ne ha denunciati un milione e trecentomila. E vanno alla C.G.I.L. per il richiamo della eredità, della tradizione sindacale socialista, ma in essa di fatto militano anche dei lavoratori cattolici.

Le Associazioni Cristiane dei Lavoratori Italiani di Forlì hanno pubblicato un'inchiesta di estremo interesse, svolta fra i lavoratori: soprattutto i non iscritti ai sindacati hanno denunciato la loro sfiducia nel sindacato perchè governato da deputati e senatori dei singoli partiti e perchè non totalmente autonomo anche rispetto agli incarichi di livello comunale e provinciale: il sindacalista è oberato da altri incarichi che non sono solo quelli provenienti dal suo mandato sindacale. Ed è di estremo interesse vedere come una schiacciante maggioranza dei giovani sotto gli anni 21 (ed i giovani di 21 anni sono quelli che faranno la società italiana entro breve tempo) hanno denunciato la loro sfiducia nelle organizzazioni sindacali e la loro volontà di realizzare una netta distinzione tra il movimento sindacale ed il movimento partitico-politico.

La conquista ed il perfezionamento della autonomia sindacale, la valorizzazione concreta del metodo democratico nella vita interna dei sindacati — tale da rendere effettiva la partecipazione dei lavoratori — il rispetto dei valori reali di cui ogni lavoratore è portatore in quanto persona sono condizioni da verificare nelle varie organizzazioni sindacali per ottenere l'effettivo avanzamento del disegno unitario; disegno unitario che non può realizzarsi in breve periodo, ma come processo di coscienza, di partecipazione democratica; come processo economico-sociale, che maturerà indubbiamente nel nostro paese. Molti si chiedono quali garanzie si possano avere, se non si rifarà un'unità sindacale di tipo partitico-politico come nel passato. La risposta è una sola: la possono dare i lavoratori cattolici ed i lavoratori socialisti, che partecipano e parteciperanno alla vita di questa formazione sindacale autonoma.

Oggi è di moda dire che bisogna verificare le condizioni e gli ostacoli esistenti; ma, verificate le condizioni e gli ostacoli esistenti ad un processo che si ritiene giusto, ci sono due atteggiamenti che si possono tenere:

— ripondere, come era di moda qualche tempo fa in Italia: « il cavallo non beve »;

— saltare gli ostacoli come i fratelli d'Inzeo, il che non vuol dire ignorarli, ma eliminarli con pazienza e gradualità.

Nuove formule sindacali basate sulla qualificazione politica ed ideologica rappresentano perciò un fatto involutivo rispetto al processo di unità sindacale, sono, cioè, una risposta negativa alle tendenze della società democratica ed alle aspirazioni naturali attualmente presenti nel mondo del lavoro, il quale aspira ad avere a disposizione uno strumento di partecipazione effettiva, quale è indubbiamente l'unità sindacale autonoma dei lavoratori.

Nè va dimenitcata l'importanza che acquista la prospettata unità sindacale, anche sul piano dell'adeguamento al livello internazionale, di un'efficace tutela del mondo del lavoro. Si pensi che di « internazionali » esistono la Confederazione Internazionale dei Sindacati Cristiani, la Confederazione Internazionale dei Sindacati Liberi, la Federazione Sindacale Mondiale; cristiana la prima, con una partecipazione maggioritaria dei socialisti europei la seconda, a maggioranza comunista la terza. Ma già è maturata all'interno della C.G.I.L. la volontà e la decisione di sganciarsi dal sistema della Federazione Sindacale Mondiale.

Il processo economico e politico europeo porterà sicuramente ad un contrattualismo a livello europeo e non più solo nazionale: anche da questo nasce l'esigenza di unità dei lavoratori, perchè, se non si pone questo problema e non si eliminano gli ostacoli per realizzarlo, i lavoratori si troveranno polverizzati, deboli nella divisione. Le forze imprenditoriali sono già organicamente coalizzate; esiste una Confindustria sul piano europeo e si è già preannunciato un documento in cui si dimostrerà come le stesse istituzioni economico-doganali realizzate in Europa esigano l'unità politica, che realizzata attraverso la partecipazione di tutte le forze sociali assuma un valore storico. Il processo verso l'unità sindacale autonoma è certamente destinato a fare acquistare ai lavoratori una più acuta coscienza dei valori di una società pluralistica e a non ridurre l'unità a una commemorazione marxista, ma ad esaltarla come riscatto della solidarietà, della sicurezza personale, della libertà nella prtecipazione. Dieci anni fa, prima di Giovanni XXIII, parlare di pace significava essere per la coesistenza pacifica e dichiararsi alleati della Russia; oggi sentiamo che lo sviluppo è il nuovo nome della pace, e l'antesignano della pace è certamente il Papa.

Perchè la tematica dell'« ut unum sint », di questa unità d'uomini accomunati, resi fratelli da esperienze sofferte nel lavoro comune, dobbiamo lasciarla a ideologie estranee e non collocarla nel quadro dei valori di cui siamo portatori?

La pianificazione democratica

Questo tema ci sembra offrire una risposta (uno dei segni dei tempi): la programmazione, l'organizzazione della economia, l'associazione di tutte le forze alle scelte. Nella pianificazione democratica abbiamo individuato la via e l'occasione per avviare una linea politica capace di sollecitare la partecipazione dei lavoratori alla vita della società democratica. Dicevamo nel 1962 a Palazzo Barberini, durante un convegno di studio su questo problema, che la pianificazione (anche il peggiore dei piani) avrebbe costretto tutte le confederazioni sindacali a scegliere; e ha costretto anche la C.G.I.L. a scegliere. Si può pensare benissimo alla buona fede, alla mala fede, alle tattiche, alle strategie; ma è un fatto che gli stessi deputati indacalisti della C.G.I.L. si sono astenuti nella votazione sul Piano, mentre il P.C.I. vi si oppone radicalmente: il Piano è una occasione di scelta per tutti. L'attività di pianificazione deve, però, essere intesa da noi come un processo culturale di lungo periodo, che investe la società nel suo complesso e che non può essere ridotto ad una forma di politica ecomica.

Leggiamo nella « Populorum Progressio »: « La sola iniziativa individuale ed il semplice giuoco della concorrenza non potrebbero assicurare il successo dello sviluppo » ... « Sono, dunque, necessari dei programmi per incoraggiare, stimolare, coordinare, supplire e integrare l'azione degli individui e dei corpi intermedi. Spetta ai poteri pubblici di scegliere, o anche di imporre, gli obiettivi da perseguire, i traguardi da raggiungere, i mezzi onde pervenirvi: tocca ad essi stimolare tutte le forze organizzate in questa azione comune »... avendo cura di « associare a questa opera le iniziative private e i corpi intermedi, evitando in tal modo il pericolo d'una collettivizzazione integrale o di una pianificazione arbitraria »... « Ogni programma... non ha in definitiva altra ragione d'essere che il servizio della persona. La sua funzione è di ridurre le disuglianze, combattere le discriminazioni, liberare l'uomo dalle sue servitù, renderlo capace di divenire lui stesso attore responsabile del suo miglioramento materiale, del suo progresso morale, dello svolgimento pieno del suo destino spirituale »... « Non basta accrescere la ricchezza comune perchè sia equamente ripartita, non basta promuovere la tecnica perchè la terra diventi più umana da abitare ». Bisogna evitare altri pericoli: « La tecnocrazia di domani può essere fonte di mali non meno temibili che il liberalismo di ieri »... « l'uomo non è veramente uomo che nella misura in cui... diventa egli stesso autore del proprio progresso » (n. 33-34).

La via della pianificazione è vista non solo come una scelta di politica economica, ma anche come un processo culturale. Risulta, pertanto, evidente il lungo cammino che ancora separa il consolidarsi di un simile metodo generale rispetto alle proposte ed ai contenuti generali e specifici avanzati dal piano quinquennale da poco approvato. Nessuna mitologia di esso può assolvere i problemi in sè, ma il processo di pianificazione che inizia oggi nel nostro paese, è certamente una grande scelta politica. Le insufficienze del Piano testimoniano non solo la difficoltà della scelta intrapresa ma evidenziano l'impossibilità di un'azione pianificatrice che risulti prevalentemente elaborata solo ai livelli ministeriali, con scarsi legami con le strutture operative del Paese, senza una sufficiente, aperta collaborazione delle forze sociali e tecniche, con un grado di partecipazione troppo ristretto, inadatto a far confluire nel piano l'esperienza, la dinamica e quindi l'adesione degli stessi interessati: solo con il metodo di un Piano che impegni nel dialogo concreto lo stato, gli imprenditori, i lavoratori si può costruire una società diversa.

L'impossibilità di superarne i limiti deriva dalla mancanza di una precedente o quanto meno contemporanea messa in azione di una intensa attività di ricerca e di studio a livello locale e, soprattutto, a livello regionale. Nè il problema può essere risolto con l'attuale attività dei comitati regionali per la programmazione, se essi non possono in alcun modo, nè prefigurare, nè tanto meno supplire alla necessaria struttura decisionale (come prevede la costituzione) dell'ente regione, il quale è destinato a facilitare la mobilitazione di tutte le energie sociali e il loro controllo sulle scelte prioritarie, nonchè una partecipazione effettiva degli interessati stessi.

La possibilità di un rapido avvio dell'esperienza di pianificazione è però subordinata all'impostazione definitiva della soluzione di alcuni sostanziali problemi di quelle riforme, di cui parlava Paolo VI nella « Populorum Progressio », e che costituiscono un minimo necessario per consentire alla società italiana e allo stato italiano di camminare con strutture e strumenti moderni di partecipazione: non si tratta di riforme di struttura per portare al potere la classe lavoratrice, ma per aprire canali di partecipazione a tutti. Si pensi alla legge urbanistica, alla legge sanitaria, alla legge sulla scuola, alla legge sulla formazione professionale. Ebbene tutte queste leggi, già presentate, rimandano sempre all'istituzione dell'ente regione: esse sono il volano di una pianificazione seria ed il processo di pianificazione non può mettersi in moto con serietà se manca un presupposto essenziale. Solo alle condizioni esposte la pianificazione potrà rappresentare il concreto attuarsi di quella « speranza economica » proposta ai lavoratori da Vanoni, e che oggi può diventare un patrimonio comune, il quale realizzi una speranza non solo economica, ma di redenzione, di ascesa umana per tutti i lavoratori e per tutti i cittadini italiani.

L'azione politica

La proposta più significativa in questo campo è quella di un dialogo permanente da instaurarsi tra tutte le forze sociali di ispirazione cristiana in Italia; una nuova, più articolata strategia delle forze sociali cristiane. Si vuole in sostanza che sui grandi problemi di fondo, sulle grandi scelte finalistiche della società italiana, le forze che si muovono nei campi o nelle fabbriche, le forze della cultura ed i responsabili della politica, tutte le forze sociali, cioè, concordino in modo tale da precostituire un'autentica società pluralistica articolata; concordino per muoversi poi liberamente, ciascuno secondo la propria autonomia ed il proprio essere.

Abbiamo dibattuto ampiamente la tematica dei cattolici, abbiamo fatto delle constatazioni concrete: in Italia ci sono dei cattolici — a milioni — che sono elettori comunisti; ci sono cattolici — a milioni — elettori socialisti. Una constatazione di fatto, cui è seguito un auspicio: l'auspicio di una caratterizzazione politica chiara della tendenza unitaria e volontaria dei cattolici. L'unità dei cattolici sia una scelta politica volontaria, decisa per motivi politici così come è stata inequivocabile la scelta per motivi culturali, per motivi di valore compiuta in un momento molto precedente a quello elettorale dai lavoratori cristiani.

Nel quadro politico non possono essere trascurati i temi dell'unificazione socialista. I lavoratori cristiani hanno assunto una posizione pacata della prova dei fatti. Quando all'esame del comunismo nella realtà italiana e dei motivi di adesione, un'analisi spregiudicata conduce al rifiuto di un dialogo con la forza politica organizzata del P.C.I., ma non alla cessazione del dialogo con il nostro prossimo — fosse pure comunista — con il nostro più vicino, con il nostro compagno di lavoro. Si delinea così una chiara strategia democratica di sfida al comunismo.

Certo conosciamo la grande obiezione che viene mossa al movimento dei lavoratori cristiani: quella di prestarsi a continue citazioni sui giornali di ispirazione marxista, di prestarsi ad essere strumentalizzati. Di fatto noi riteniamo che il nostro messaggio, quotidianamente, viene diffuso e viene accreditato presso milioni di lavoratori che marxisti non sono, come tutti sappiamo. Forse qualcosa di queste posizioni può apparire in anticipo sui tempi, ma non è questo motivo sufficiente per rifiutarne in blocco il contenuto che esse recano ad un discorso, il quale altrimenti si svolgerebbe con meno vigorosi apporti di estrazione cattolica. Forse non ci rendiamo conto che mancando questo tipo di studio di ricerca, di dibattito, realizzato in gruppo, molte migliaia di cristiani, militanti nel movimento operaio, mancherebbero nella realtà italiana.

La partecipazione e i lavoratori cristiani

I lavoratori cristiani per la loro natura di movimento, per i valori che incarnano, per la tradizione cui si ricollegano, hanno posto alla attenzione del Paese, stimolando un dibattito libero e aperto, il tema decisivo della partecipazione democratica. La perdurante carenza di essa rappresenta il lato più impegnativo e preoccupante della situazione italiana: occorreva perciò verificare criticamente la funzionalità e l'apertura dei possibili canali di partecipazione. Tutti ricordano il clima in cui la stampa, cosiddetta indipendente, accolse nel novembre 1966 queste proposizioni: quindici giorni dopo le elezioni amministrative di Trieste, Ravenna e Massa davano 18.000 schede bianche; venti giorni dopo le elezioni della FIAT davano 25.000 schede bianche. Tutti ricorderanno le ironie sulla nostra constatazione della mancata partecipazione dei deputati alle decisioni del Parlamento e della povera funzionalità del bicameralismo inteso, come oggi è inteso, e realizzato nel nostro paese; cinque mesi dopo tutte le riviste di opinione, tutta la stampa italiana, furono piene di un dibattito simile a quello da noi avviato. Abbiamo il dovere e la possibilità di dare risposta a tutti i quesiti che ci poniamo; ma abbiamo il dovere, se ci accorgiamo che in uno dei vagoni in cui viaggiamo c'è il fuoco, di tirare il campanello d'allarme.

I lavoratori devono avere coscienza acuta del valore morale e sociale della lotta per la partecipazione: è una lotta contro se stessi innanzi tutto, come scelta di un metodo per la costruzione della società democratica che supera quello della lotta di classe; partecipazione non è contestazione radicale al sistema, come non è neppure una integrazione subordinata nel sistema. Le vie che abbiamo indicate a livello culturale, sociale, sindacale, politico, internazionale per facilitare e accrescere la partecipazione dei lavoratori alla società democratica, non si esauriscono nella richiesta di alcune riforme, ma esigono assunzione di responsabilità, iniziativa costante, sacrifici anche da parte della organizzazione dei lavoratori. Pure un articolato pluralismo sociale, di cui tanto si parla dal punto di vista dottrinale, può rischiare di finire nell'anarchia e nel settorialismo senza una visione di sintesi che sorregga i cittadini, sorregga soprattutto i lavoratori nella partecipazione democratica, ne motivi i necessari sacrifici, ne alimenti le guide naturali a tutti i livelli, ma soprattutto ai livelli intermedi.

Il P. Tufari s. j. affermava recentemente che le classi lavoratrici sono quelle che devono essere più aiutate e più sostenute in questa maturazione autonoma. Esistono ancora — egli diceva — molti condizionamenti economici e culturali che non permettono l'esercizio di una vera e propria libertà di elezione. Le classi lavoratrici hanno un atteggiamento di fondo che predispone alla comprensione delle esigenze fondamentali esposte dal Concilio Vaticano II: quella della concretezza e dell'autonomia dei valori temporali, quella della apertura e del contatto che di fatto il lavoratore ha con i lavoratori che appartengono ad altre correnti di pensiero, quelle della interiorità, con l'esigenza fondamentale che il lavoratore ha di rifiutarsi di essere comandato da altri, da uomini o da organizzazioni esterne alla sua.

C'è chi si oppone alla nostra linea, ci accusa di integrismo, di autonomia polemica, di antimodernismo velleitario, di concorrenza talvolta demagogica: noi siamo un movimento sociale di lavoratori cristiani secondo una tradizione storica. Sola la comprensione di questo nostro essere può fornire criteri validi per capire e valutare nettamente il nostro operato che vuole essere la risposta dei lavoratori cristiani a queste esigenze della classe lavoratrice. Essi, perciò, collaborano ad elaborare una sintesi originale di giudizi storici concreti comuni; sintesi capace di evidenziare e di alimentare la omogeneità culturale, spirituale, morale di questo movimento operaio con lo scopo di educare e di partecipare alla vita democratica; di propulsione e di sostegno all'azione sociale di molte migliaia di cristiani. Movimento, dunque, di animazione cristiana delle realtà temporali, partecipe in modo proprio e tipico delle esigenze pastorali e, allo stesso tempo, componente del movimento operaio con l'obbligo di non tradire i valori essenziali, ma di offrire continuamente ai cristiani, ed a tutti i lavoratori, proposte e metodi di partecipazione capaci di essere adeguati ai segni dei tempi.

L'esperienza associativa e culturale, morale e spirituale insieme, dei lavoratori cristiani rappresenta sempre meglio una risposta alternativa a quella marxista; noi cerchiamo di metterci in grado di collaborare all'indicazione di linee su cui possa ritrovarsi tutta la classe lavoratrice italiana, senza tradire i valori di cui siamo portatori, ma anzi con coscienza cristiana che umanizza tutte le scelte profane e costringe i lavoratori a porsi sempre nuovi problemi per la promozione umana.

Ciò è necessario di fronte alla crescente « società del benessere », che rischia di mettere in frigorifero anche i valori di autonomia personale, di capacità creativa, di responsabilità, che il Concilio ci propone e che tutti i lavoratori cristiani con prudenza e con coraggio vogliono portare avanti nel mondo del lavoro. Cosicchè non solo abbiamo da costruire insieme un nuovo umanesimo, ma, come il Papa ci ha insegnato, un umanesimo plenario, adeguato a dare risposta a tutti gli uomini e, soprattutto, un umanesimo trascendente, capace di facilitare alla dignità dell'uomo l'apertura alla Grazia: questo umanesimo trascendente cammina per le strade di scelte ed opzioni concrete.

INDICE